高校社会

「公共」の授業を創る

橋本 康弘 編著

明治図書

はじめに

　平成30年３月に新科目「公共」の学習指導要領が告示された。この間，「コンテンツベースからコンピテンシーベースへ」「18歳選挙権年齢実現に伴う主権者教育の充実」「持続可能な社会形成者としての市民の育成」「主体的・対話的で深い学び」等，様々な「ニューワード」で語られてきた新学習指導要領において，特に主権者育成に関して新科目「公共」が成立・実現したことは一定の評価ができるだろう。なぜなら，主知主義的な教育の限界がこれまで何度となく言及されてきたからであり，この間，データで示されてきた若者の「社会参加意欲の低さ」「社会変革実現への関心の低さ」といった社会を「よりよくする」意識の低さを少しでも改善する意欲的な科目として新科目「公共」は位置付けられるからである。新科目「公共」は「主権者教育の一丁目一番地」といわれ，「法」「政治」「経済」といった従来の「現代社会」における内容(2)のア～オのようにコンパートメント化した各々の人文・社会科学学習ではない，「総合社会科」的な発想で提案されている。本来その役割を担わないといけなかったが，年を追って形骸化した「現代社会」の反省の上に構築されてきているともいえる。本書では，従来の「現代社会」の「反省」に立ちつつも，学校現場の多忙化を踏まえ，無理のない「現代社会」から「公共」への移行を考えていきたい。そのため，これまでの学校現場の文化を尊重した提案ができればと考えている。本書に対する忌憚ないご批判ご叱正を賜れれば幸いである。

2018年８月　　橋本　康弘

CONTENTS

合意形成，社会参画を視野に入れた授業をどう創れば良いか

外部連携を視野に入れた授業をどう創れば良いか

中学校社会公民的分野との接続を意識することの重要性

高等学校特別活動等との接続を意識することの重要性

第2章 「公共」の教材づくりと授業モデル

1 公共の扉 78

第 1 章

「公共」の授業の創り方

1  学習指導要領の重要ポイント

　ここでは，改訂された平成30年版学習指導要領の基本的な考え方について
まずは確認したい。その際，「公共」との関わりについても言及したい。今
後の諸論考の理解を進めるためにもご一読いただければ幸いである。

1　まずは学校教育法第30条第2項を確認する

　学習指導要領の改訂作業は，その上位法である教育基本法及び学校教育法
等の規定に基づいて行われる。また，その作業では，「その規定の考え方が
十分に学校現場に浸透しているのか」「学習指導要領は，その規定の考え方
を十分に反映したものであるのか」「仮に授業実践上の課題があるとするな
らどのような課題があり，それを克服するにはどうすれば良いのか」等につ
いて，議論が積み重ねられる。今回の改訂作業では，平成21年の改訂と同様
に学校教育法第30条第2項が重視されている。その内容は次の通りである。

　～（前略）～　生涯にわたり学習する基盤が培われるよう，基礎的な知識及び技能
を習得させるとともに，これらを活用して課題を解決するために必要な思考力，
判断力，表現力その他の能力をはぐくみ，主体的に学習に取り組む態度を養うこ
とに，特に意を用いなければならない。　　　　　　　　　　（下線部は筆者による）

　この規定は，日本の学校教育で養うべき学力観を示しており，今後少なく
とも10年は変わることのない学力観だと筆者は考えている。以下では，下線
を引いた3カ所について，順を追って説明をしていきたい。

2 30条2項から読み取れること①
：基礎的な知識及び技能の習得

　高等学校の教員の立場から見れば，「何が基礎的な知識なのか？」と疑問をもつかもしれない。「教科書見開き2頁の太字の語句が重要である」という認識をもつ先生方も多くおられるかもしれない。中堅校ならセンター試験対策をしっかり積み上げる必要もあり，その必要性からこれまでの「チョーク＆トーク」や「プリント型授業」を行う必要性も十分理解している。他方，この間の中央教育審議会（以下，中教審と略す）の議論では，「将来大人になって活用できないような知識を学校現場で扱うこと」についてどう捉えれば良いのかが議論されてきた。すなわち，乱暴な言い方をすれば，「将来大人になって活用できない知識は無駄である」という捉え方が主流になっているということである。これまでの高等学校教員や受験を控えた生徒の立場から考えると，あくまで授業で学ぶ知識は「受験のための知識」といった意味付けであった。そのため，「受験のための知識」という意味付けしかできていない知識を生徒は受験が終われば忘れるのである。このような状況に対する警鐘が鳴らされているのである。30条2項は，あくまで「基礎的な知識の習得」を目指すことが示されている。その際，「基礎的な知識」を整理する場合に「将来大人になって活用できる知識」といった視点が重要になる。特に，「公共」においては，「主権者の育成」を重視している。「主権者として活用すべき知識」は何か，そして，その習得を徹底して図る必要がある。

　また，この間，「チョーク＆トーク」等の授業の中では，あまり重視されてこなかった「基礎的な技能の習得」は，「公共」で重視される社会問題の解決のあり方について主体的に考察する授業を行うにあたって，特に重要である。なぜなら，そのような技能を習得することによって，一次資料（データやグラフ，図）を読み解き，資料を解釈するといった授業を展開できるからであり，「公共」は，多様な学校種・クラスに応じて，場合によっては，一次資料を丁寧に読み解くという授業場面に時間を割くことも想定される。

　言うまでもなく，30条2項では，「思考力，判断力，表現力」等の育成を最重視している。この間，高等学校の現場では，先述した「知識・理解」を重視しすぎる授業が展開されてきた。30条2項の精神は十分活かされていなかった。平成30年版学習指導要領では「思考力，判断力，表現力」等の育成を目指すべく，中教審では，当初，「アクティブ・ラーニング」に関する様々な授業方法を資料上に列挙していた。グループ学習やディベート，ジグソー法等がそうである。ただ，後半になると，「ディープ・アクティブ・ラーニング」，そして，「主体的・対話的で深い学び」を重視する議論になった。そのような結果になったのは，「『アクティブ・ラーニング』をしさえすれば良い」と学校現場が考えることへの懸念が強く出されたからだ。あくまで，「思考力，判断力，表現力」等は，「深い学び」を実現するための方法であり結果である。「思考力，判断力，表現力」等を養うにあたっては，各授業において「深い学び」をどう実現していくかが，学校現場に問われている。

　その際，30条2項では，課題（主題）を設定し，基礎的な知識を活用しながら，その課題（主題）の解決のプロセスを経る中で，思考力，判断力，表現力等を養うことを求めている。「公共」では，「基礎的な知識」のうち，最も基礎的な知識（概念や理論）を「見方・考え方」として整理している。「公共」では，「公共的な空間における人間としての在り方生き方（幸福，公正など）」や「公共的な空間における基本的原理（人間の尊厳と平等，個人の尊重，民主主義，法の支配，自由・権利と責任・義務など）」が示されており，これらの知識を習得・活用する中で，「事実を基に多面的・多角的に考察し公正に判断する力」や「合意形成や社会参画を視野に入れながら構想したことを議論する力」等を養うことを求めている。

　学習指導要領上は，前述した「思考力，判断力，表現力」等の育成が最重要であるが，実は筆者は，この「主体的に学習に取り組む態度」の育成が全ての基礎に位置付いていると考えている。すなわち，「主体的に学習に取り組む態度」がないと，「思考力，判断力，表現力」等の育成は「絵に描いた餅」になり，「深い学び」を伴ったものにならないと感じているからである。

　以前，ある高等学校で「同性婚の是非」をテーマに取り上げた「倫理」の授業を参観したことがある。その是非を議論する授業（参観授業）では，生徒は，同性婚の是非について，「賛成」「反対」の意見をその「理由」とともに戦わせていた。ただ，その授業に熱心に取り組んでいたのは「女子生徒」ばかりで「男子生徒」の影が薄かった。この間，社会問題を取り上げた授業を参観することが多かったが，社会問題学習にはどうもジェンダーの要素があるように感じている。「公共」では，どうしても社会問題を多く取り上げることになる。教師が社会問題をセレクトするときに，より多くの生徒に切実性が感じられる問題とすべきである。また，「公共」においては，18歳選挙権年齢の実現と関連して，主権者意識の涵養も重要であるし，持続可能な社会づくりに向かう社会参画意識の涵養も大切になる。その観点からの授業づくりも重要だ。他方，授業のわかりやすさという点も意識したい。「公共」では，冒頭の内容Ａで「見方・考え方」等の重要な知識・概念を習得するとしている。内容Ａでは教材として「思考実験」を多く取り上げることになる。「思考実験」を通して「わかりやすく」知識や概念（見方・考え方等）の習得を図り，それを内容Ｂ以降で「活用」できるようにする。その際，内容Ａが十分に理解できないと，内容Ｂ以降で活用することはできない。生徒が十分に理解できていないなら，内容Ｂ以降でも生徒による「主体的に学習に取り組む態度」など期待できない。「主体的に学習に取り組む態度」の育成は一層重要になってきている。

5 平成30年版学習指導要領で特に重視された「キーワード」①：主権者教育

　「公共」との関連で指摘すると，まずは「主権者教育」だろう。18歳選挙権年齢の実現を踏まえ，「主権者教育」の「一丁目一番地」といっても良い科目が「公共」だからである。そのため，「公共」は「内容の取扱い」において以下のような位置付けになった。

> 「公共」は，原則として入学年次及びその次の年次の2か年のうちに履修させること。

　つまり，18歳になるまでの間に履修を目指す科目として「公共」を位置付けているのである。なお，主権者教育の充実に向けた，中教審答申（平成28年12月）の記述には以下のような内容がある。

> （教育内容の見直し）
> 　社会に見られる課題を把握して，その解決に向けて構想する力を養うためには，現行学習指導要領において充実された伝統・文化等に関する様々な理解を引き続き深めつつ，将来につながる現代的な諸課題を踏まえた教育内容の見直しを図ることが必要である。 ～（中略）～ 主権者教育において重要な役割を担う教科として選挙権年齢の18歳への引き下げに伴い財政や税，社会保障，雇用，労働や金融といった課題への対応にも留意した政治参加，少子高齢化等による地域社会の変化などを踏まえた教育内容の見直しを図ることが必要である。

　「公共」では，この中教審答申の記述を踏まえ，現代社会の諸課題として，「財政や税」「社会保障」「雇用」「労働や金融」といった内容を取り上げることとなったのである。

6 平成30年版学習指導要領で特に重視された「キーワード」②：「主体的・対話的で深い学び」

　「思考力，判断力，表現力」等の育成でも言及したが，平成30年版学習指導要領で特に重視された「キーワード」は「主体的・対話的で深い学び」である。何が「深い学び」で，何が「浅い学び」なのか，目の前の子どもの実態にもよるので，一概には整理できない。筆者は，「浅い学び」を「生徒の既有の知識を連ねる，ないしは，生徒の経験知や生活知の中で議論が進んでおり，何も新しい学びが生まれていない状況」を指すと考えている。他方，「深い学び」はどうなのか？　中教審答申では以下の記述が示されている。

> 具体的には，教科・科目及び分野の特質に根ざした追究の視点と，それを生かした課題（問い）の設定，諸資料等を基にした多面的・多角的な考察，社会に見られる課題の解決に向けた広い視野からの構想（選択・判断），論理的な説明，合意形成や社会参画を視野に入れながらの議論などを通し，主として用語・語句などを含めた個別の事実等に関する知識のみならず，主として社会的事象等の特色や意味，理論などを含めた社会の中で汎用的に使うことのできる概念等に関わる知識を獲得するように学習を設計することが求められる。

　「諸資料等を基にした多面的・多角的な考察」「合意形成や社会参画を視野に入れながらの議論」を通して，汎用的に使うことのできる概念や理論を「獲得」することが「深い学び」のようである。言い換えると，「生徒の既有の知識にはない，経験知や生活知とは異なった見方や考え方を可能にする，資料の読み取りや，読み取った資料から解釈できる意見，それらを自分自身の意見として意味付けたものを他者と交流する中で，見方・考え方（概念や理論）がより深く理解できること」が「深い学び」なのではないか。以降では，「深い学び」の実際について見ていくことにする。

2 「公共」の授業を どう設計すれば良いか

見方・考え方を鍛える授業
をどう創れば良いか①

1 見方・考え方とは何か

（1）学習指導要領における見方・考え方の位置付け

　平成30年版学習指導要領を語る上でキー概念になるのは「見方・考え方」である。今回の学習指導要領改訂では，教科の学習の意義が問われた。特に，「大人になって活用できているのか」といったロジックも登場し，現在の教科学習に対する批判が巻き起こったと認識している。また，通教科的なコンピテンシー（資質・能力）の育成の重視が謳われた。その中で，各教科固有の学習について議論され，登場してきたのが「見方・考え方」であった。ここでは，まず社会科における「見方・考え方」とはどのようなものなのかについて，説明したい。「社会的な見方・考え方」については，大きく2つに類型化できる。

(a) 「社会的事象等の意味や意義，特色や相互の関連を捉える視点や方法（考え方）」といった側面

(b) 「よりよい社会の構築に向けて課題の解決のために選択・判断するための視点や方法（考え方）」の側面

(a)に関しては，「公共」を含む公民領域では，「現代社会を捉える視点」として整理できる。公民領域では，この視点について，「政治，法，経済，倫理などに関わる多様な視点（概念や理論）」を指し，これらの視点を使って，現代社会の複雑な問題や社会的事象を捉えるということを意味している。わかりやすい事例で説明するなら，例えば，「最近の大阪のホテルは高い」といった社会的事象があった場合，その値段が高い原因を読み解くためには，「需要」と「供給」といった経済学的な概念をつかんでおけば，その原因を経済学的に読み解くことができる，ということだ。すなわち，ここでいう視点とは，現代社会の様々な事象の関連を読み解く上で必要な質の高い知識（概念的知識とも称される）のことを意味する。このような質の高い知識は，社会的事象の因果関係や目的＝手段の関係をつかむ上で有用であり，知識を受験上の知識としてしか捉えない子どもたちにとっても，「現代社会がよりよくわかる」上で必要な知識としての意味付けが可能になる。また，「公共」では概念や理論とは別に「現代社会を捉える視点」を複数取り上げている。
　(b)に関しては，「社会の課題（主題）の解決のあり方について，選択・判断するための基準」として整理できる。社会の課題の解決のあり方を考える上で，何の基準もなく，闇雲に考察することが望ましいことかといえば，そうではない。公共政策の是非を考察する場合は，公共政策学で研究された研究成果を活用できるし，生命倫理や環境倫理の問題を考える場合には，社会倫理（社会はどうあるべきか）の考え方を活用できる。平成30年版学習指導要領では，特に，後者の視点が重視された。「公共」はまさしく，(b)の「見方・考え方」を「使える」側面を重視した新科目といえる。

（2）「公共」における見方・考え方

　では，「公共」ではどのような見方・考え方が設定されたのであろうか。「公共」の主な「見方・考え方」は次の通りである。

幸福，正義，公正，人間の尊厳と平等，協働の利益と社会の安定性の確保，個人の尊重，民主主義，法の支配，自由・権利と責任・義務など

　一つ一つの「見方・考え方」については本書の78〜89頁等で扱うので，その説明は割愛するが，「幸福，正義，公正」の取扱い方について，平成21年版「現代社会」の枠組みとの異同について留意すべきである。「現代社会」の「幸福，正義，公正」の枠組みを図で説明すると以下のようになる。

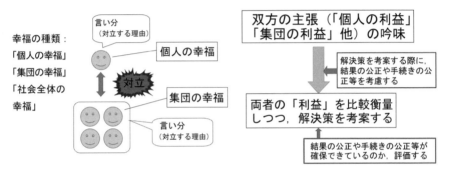

図1　「幸福」の考え方（筆者作成）　　　図2　「正義」「公正」の考え方（筆者作成）

　「現代社会」では，「幸福」について，「個人の幸福」「集団の幸福」「社会全体の幸福」の3つで説明し，それぞれお互いの幸福を追求する中で，「対立」する場面が出てくるとしている。また，その「対立」を解消するために，双方の主張を吟味し，両者の「利益」を比較衡量しつつ，解決策を考案すること（それを「正義」としている）としており，その際，解決策を評価する視点として，「公正」（結果の公正や手続きの公正等）を位置付けている。「公共」においては，従来の「現代社会」の「幸福，正義，公正」とは，課題を捉える視点として位置付けられている。また，後述する「帰結主義（幸福）」と「非帰結主義（公正）」の「見方・考え方」も示されている。よって，読者にあっては，「幸福，正義，公正」の捉え方に留意していただきたい。なお，「現代社会」の「幸福，正義，公正」の捉え方を授業化する場合，裁判事例がその教材となりやすかった。「個人の幸福」と「社会全体の幸福」

の対立事例としては，「道路拡張に伴う立ち退き問題」を取り上げることができるし，「個人の幸福」と「集団の幸福」の対立事例としては，「将棋の元名人による猫の餌付け問題」がある。いずれも裁判事例になっている。裁判が利用しやすかったのは，「集団の幸福」「社会全体の幸福」という言葉の曖昧さもあり，裁判で当事者が確定している方が教材化しやすいといった点もあったかと思われる（なお，「現代社会」では，「環境倫理」「情報倫理」「生命倫理」を扱う際に「幸福，正義，公正」の考え方を用いることが内容(1)で求められていた）。

（3）「公共」の全体構造から見る見方・考え方を鍛える３タイプ

　では，その「見方・考え方」を鍛える（活用できる）授業にはどのようなタイプがありうるだろうか。以下では，学習指導要領上でどのように「見方・考え方」を鍛えることが想定されているのかについて取り上げて，考察することとしたい。まずは，最初に「公共」の全体構造から見てみよう。

　「公共」では，内容Aにおいて，「見方・考え方」を習得した後で，「見

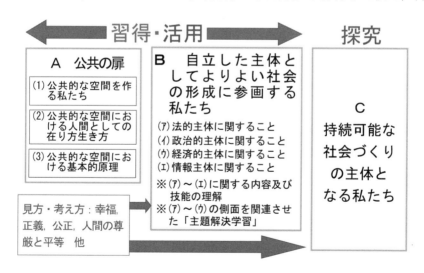

図３　「公共」の全体構造について（筆者作成）

方・考え方」のうち，特に「幸福，正義，公正」等に着目して，内容Bの事項等について，「主題を追究したり解決したりする活動を通して」理解をさせる。また，「幸福，正義，公正」等に着目して，㋐～㋒の側面を関連付けた「主題解決学習」を通じて「事実を基に協働して考察したり構想したりしたことを，論拠をもって表現する」学習が行われる。さらに内容Cにおいて，「幸福，正義，公正」等に着目して，内容Cの観点，すなわち「地域の創造」「よりよい国家・社会の構築」「平和で安定した国際社会の形成へ主体的に参画し，共に生きる社会を築く」といった視点から「課題を見いだし，その課題の解決に向けて事実を基に協働して考察，構想し，妥当性や効果，実現可能性などを指標にして，論拠を基に自分の考えを説明，論述する」学習が行われる。

　これまでの記述からもわかるように，「公共」の全体構造と「見方・考え方」の鍛え方は密接に関わる。つまり，次のようにまとめることができる。

---

① 生徒が「見方・考え方」を「習得」するタイプ
　「思考実験」などを用いて生徒が容易に「理解」することができるような授業づくりが求められる。（主として内容Aを想定）
② 生徒が「見方・考え方」を「活用」するタイプ
　生徒が「見方・考え方」を「活用」して，思考力，判断力，表現力等の育成を目指し，かつ生徒にその「見方・考え方」の「深い理解」を促すことができる授業づくりが求められる。（主として内容Bを想定）
③ 生徒が「探究」するタイプ
　生徒が「見方・考え方」を「活用」して，思考力，判断力，表現力等の育成を目指し，かつ「見方・考え方」の一層の「深い理解」を促すことができる授業づくりが求められる。（主として内容Cを想定）

　以下では，「人間の尊厳」の「深い理解」を目指す授業づくりについて取り上げて説明することとする。

（1）寺本実践の具体

　今回例示するのは，お茶の水女子大学附属中学校の寺本誠教諭が平成26年度の公開研究授業で行った実践である。同実践は，ドイツ航空法を教材として取り上げて，生徒に「思考，判断，表現」を促す授業となっている。指導案は中学校3年生の社会科公民的分野として作成されているが，「公共」であれば，内容Bの(ア)法的主体に関する事項のうち，「法の意義」について理解する授業として位置付けることができる。

①指導案の具体

1　単元（題材）名　基本的人権の尊重
　　　　　　　　　　　　―ドイツ航空法の違憲判決をめぐって―

2　単元（題材）のねらい

　2001年9月11日にアメリカを襲った同時多発テロは，飛行機をハイジャックして建物に突入させるという今までにない手法で世界を震撼させた。3機の飛行機が突入した時点で，もう1機の飛行機も首都ワシントンD.C.を目指していたとされる。結局はその飛行機は到達することはなかったが，アメリカ政府は刻一刻と首都に近づく飛行機に対して，一つの決断を迫られていた。すなわち，戦闘機によってその飛行機を撃墜し，乗客の命を犠牲にして地上のより多くの人々の命を救おうとするものである。

　誰かの犠牲を元に問題を解決させることは，本当に正しい方法といえるだろうか。たとえその解決策が全員一致でなされた合理的な結論であったとしても，われわれの道徳的な心情に照らすと簡単に承知し難く，広範な議論を要する問いとなる場合もある。この問題を考える上で，2つの道徳的教説がある。まず，全体の利益のために少数を犠牲にすることは，正義に反しており，正当化されない。一方，全体の利益を向上させることこそが，正義にかなった行為であり，その

めの少数の犠牲は正当化されうる。どちらを優先すべきか正しい答えはない。だからこそこの問題について考える意義がある。ドイツはこの答えのない課題に対して，2004年「ドイツ航空法」を可決して，解決を試みた。この法律の最大のポイントは，航空機を使ったあらゆるタイプの犯罪について，国防相が撃墜命令を出せるという点である。しかし，一度は施行されたこの法律に対して，ドイツ憲法裁判所は「人間の尊厳」と「生命への権利」に適合しないとして違憲判決を出し，ドイツ航空法は破棄された。

　この判決は次の点で，われわれに大きな示唆を与える。日本国憲法でも個人は最大限に尊重されることが保障されている。だが，いつ都心が飛行機テロの被害に遭うかわからない。その場合，どのようにして人々の生命を守るのか。飛行機の乗客の命と地上に住む人々の命のどちらを優先すべきなのだろうか。このようなジレンマ課題を生徒たちに考えさせる場合，飛行機の乗客の命の総量と，地上に住む人々の命の総量を比較するというような安易な議論には陥らせたくない。どうやってハイジャック機がテロかどうかを判断するのか，いつの時点で誰がどうやって判断するのか，撃墜した場合，必ず地上に住む人々の生命の安全を保障できるのか等々，その時の状況によって意思決定が分かれる点が多々ある。飛行機の乗客の生命も，地上に住む人々の生命も同様に尊重されるべきであり，軽重をつけることはできないことを理解させたい。

3　授業づくりの工夫

　今回取り上げる題材のように，人の生命に関わる価値判断や意思決定は容易ではない。だが，どちらかを選ばなければならない場合，葛藤状況における問題の所在を明らかにするための，道徳的・法的な視点に基づいて捉える必要がある。生徒たちにこれらの視点を与えながら，自分なりの主張を構築させたい。

4　題材・単元の展開

〔第2章第2節　人権と共生社会〕

第1時　基本的人権と個人の尊重（本時）	第4時　自由権
第2時　平等権①	第5時　社会権
第3時　平等権②	第6時　人権保障を確かなものに

5 本時の学習

(1) 本時の目標

・日本国憲法が定める基本的人権の意義について，具体的な事例を通して理解する。

・他者と討論しながら，多様な見方・考え方があることに気づく。

(2) 学習の展開

	主な学習活動	指導上の工夫・配慮
課題設定	○9.11の映像を見せる。 □これはどのような事件であったか。 ○事件の概要について簡単に説明する。 □3機の飛行機がWTCと国防総省に追突した後，もう1機の飛行機が首都ワシントンD.C.に向かっていた。この事実を知った時，アメリカ政府はどのような対応をとろうとしたか。	○ DVD "A Day That Changed the World" を視聴する。 ○映像の続きを見せる。チェイニー副大統領らが，撃墜すべきか否か葛藤しているシーンで止める。
課題追究①	□犠牲をより少なくするためにハイジャックされた飛行機を撃墜することは許されるか否か，副大統領になったつもりで考えてみよう。 　①個人で思考する→②学習班にて意見を交換する→③クラスで討議 □このようなケースに対し，法律で解決を図ろうとした国がある。 ○「ドイツ航空法」について説明する。 □日本でも同様の事件が勃発すれば大変な被害がもたらされる。日本ではこのような法律を成立させることができるだろうか。 ○考える視点（意思決定に有用な視点）を提示する。 ・撃墜することによる損害はどうか。また，しないことによる損害はどうか。 ・立場が変わった場合でもそのルールが認められるか（飛行機の乗客，地上の市民等）。	○この後 United Airlines93便は乗客が犯人と格闘して，目標に達する前に墜落し，撃墜命令は実行されなかったことを補足説明する。 ・WTC（世界貿易センター）に激突した2機の飛行機の乗客：157名，WTC破壊での犠牲者：約2600名 ○霞ヶ関の中央省庁に激突した場合を想定する。※ボーイング747の最大乗客数：約500名

課題追究①	・ハイジャックされた飛行機がテロに使われたかどうかは誰がどうやって判断するのか。 ①個人で思考する→②学習班にて意見を交換する→③クラスで討議	
課題追究②	□ドイツ航空法は違憲として廃止された。なぜだろうか。 ○人権は誰が保障しているのかを考える。 ○「人間の尊厳」と「生命への権利」を尊重して判断したことを理解させる。	○違憲立法審査権については未習のため，適宜説明を行う。
省察	□ドイツ連邦憲法裁判所はこの決断についてどのように考えるのか，各自でワークシートにまとめよう。	○理由を明記させる。裁判所の判断に賛成である。なぜなら……，裁判所の判断に反対である。なぜなら……。

②指導過程の具体

　本授業では，生徒はどのように「思考」をめぐらせたのか。授業の際のグループディスカッションの結果を拾い上げてみよう。

撃墜することは可能①：飛行機を利用するリスクがあることを承知の上，撃墜するのは人を殺すためではなく，あくまで防衛のためである。

撃墜することは可能②：国民全員が納得するかわからないが，決めておかないと非常時の対応に困る。

撃墜することは不可能①：主権のある国民を殺してはいけない。乗客が邦人でない場合，国によって撃墜の可否が変わってしまう。戦力を持たない日本の方針に反する。

　また，生徒からは次のような意見も出されていた。

撃墜することは不可能②：もし仮にハイジャック犯を操縦席から引きずり下ろすことができ，かつ，同じ飛行機にパイロットが乗っていた場合がありうる以上，撃墜すべきではない。

　ドイツ航空法は最終的に連邦憲法裁判所で違憲判決が出された。その理由は，命令権者を国防相にすることの疑義と人間の尊厳の尊重等にあった。

（2）寺本実践に見る見方・考え方の鍛え方

　この実践では，「人間の尊厳」という「見方・考え方」を深く理解するために，ドイツ航空法違憲判決を教材として採用した。生徒は，「人間の尊厳」の意味を「飛行機の撃墜の是非」といった生徒自身も熱心に討議することが可能な教材で検討した。生徒から提示された意見は，賛成の意見も多かったが，特筆すべきは反対の意見で，「1パーセントの可能性」について考えた意見や，指導案上にも示される「自分自身がその立場になった場合に受け入れられるか」といった視点で考察することを通して「人間の尊厳」＝「かけがえのない平等の命の尊重」の意義を「深く」理解できていた。「見方・考え方」は，教師が意図して「深める方法」と生徒によって自発的に「深まる過程」の2つがある。また，教師が意図して「深める」方法には，理論的に深める，すなわち，本授業の場合，「人間の尊厳」を法学的な理論で「深める」方法と，教材に寄り添い，その教材を通して生徒が思考する中で深める方法があると筆者は考えている。今回の授業では，教師が教材に即していくつかの「考える視点」（指導案参照）を提示し「深めよう」としている一方で，生徒や班での発表では自発的に先述した意見が述べられていた。前者は教師が意図的に組み入れることができるが，後者は，生徒の「想像力」次第である。「公共」では，生徒の「想像力」をどう鍛えていくかといった課題もある。

見方・考え方を鍛える授業
をどう創れば良いか②
：公正に判断する力を養う授業との関連

1　学習指導要領に見る「公正に判断する力」

　「公共」における「公正に判断する力」はどのように育成すれば良いのか。次のような目標を掲げている。

> 現実社会の諸課題の解決に向けて，選択・判断の手掛かりとなる考え方や公共的な空間における基本的原理を活用して，事実を基に多面的・多角的に考察し公正に判断する力 ～（中略）～ を養う。

　前項でも述べた通り，平成30年版学習指導要領では教科・科目固有の「見方・考え方」の教育を重視している。前項では，その「見方・考え方」について，具体的な教材を基に考察させるプロセスにおいて示される理由付けを提示するなど試行錯誤する中で，「見方・考え方」＝「人間の尊厳」の意義の理解を深めることになっていた。ある意味，「選択・判断」させていたと解釈できなくもないが，「公共」における「公正に判断する力」は，目標にも「現実社会の諸課題の解決に向けて」といった言葉があるように，衆目の一致する課題（主題）について，その課題の解決のあり方を「見方・考え方」を活用して事実に基づいて検討し，判断することが求められる。では，具体的にどのような手順で「判断」すれば，当該能力を育成することができるのだろうか。なお，本目標に示される言葉のうち，社会系科目では頻出する「多面的・多角的」とは，次のように定義される言葉である（平成29年版中学校学習指導要領解説　社会編より）。

現代の社会的事象が多様な側面をもつとともに，それぞれが様々な条件や要因によって成り立ち，さらに事象相互が関連し合って絶えず変化していることから，「多面的」に考察することを求めている。そして，このような社会的事象をとらえるに当たっては，多様な角度やいろいろな立場に立って考えることが必要となることから「多角的」としている。

　つまり，「多面的」とは「社会諸科学の側面」であり，一つの社会的事象の要因等を分析すると「政治」「経済」「法」等といった「側面」から「読み解く」ことが可能であることを意味しており，社会的事象の「捉え方」を指している。他方，「多角的」とは，社会的事象を捉え考える「立場」のことを指している。それぞれの「立場」から「読み解く」社会的事象は，自ずと異なるし，「立場」が変われば意見も変わるということだ。

　以下では，「公正に判断する力」の育成を段階的に行っている教科書モデル案を用いて，そのプロセスについて説明したい。その紙面構成では，「現実社会の諸課題」の解決に向けて「多面的・多角的」に考察するためのプロセスとして，その「現代社会の諸課題」について，①直感的に意見を理由とともに述べ，どのような意見があるのか確認する。②「見方・考え方」を活用し，「多面的・多角的」に考察する。最後に，③クラスで議論するといった３段階で「公正に判断する力」の育成を図っている。

2　教科書モデル案に見る「公正に判断する力」の育成方略

　以下では，先述したように次頁以降に示す教科書モデル案を事例にして，「公正に判断する力」の育成のあり方について言及したい。本教科書モデル案は，日本弁護士連合会『自由と正義』（Vol.68，No.12，2017年，pp.20-21）に，新科目「公共」に対応するものとして提示されたものである。

事例から 考えよう 「高等教育の無償化」の是非について，公正の視点で考えよう

課題設定 現在，日本でも貧困の広がりが社会問題となっている。一方，高等教育の無償化を憲法や法律で規定しようとする動きがある。高等教育の無償化の是非について，公正の観点から考察してみよう。

●日本における子どもの貧困の問題

子どもの相対的貧困率（所得の中央値の半分を下回っている人）の割合は，1985 年以降，上昇傾向にある。OECD加盟国 34 か国中でも 10 位と高く，先進国の中でも突出しているといえる。

↑②子どもの相対的貧困率〈内閣府資料〉

←①子ども食堂（2016 年）（毎日新聞社／アフロ）「子ども食堂」とは，経済的な理由などから満足に食事を取れない子どもを対象に，食事を提供している。寄付やボランティアなどで運営されることが多い。

「高等教育の無償化」の是非について考えよう

　子どもの貧困が社会問題になっているなか，家庭の経済的な事情で進学や夢の実現をあきらめる人が増えないよう，大学や短大，専門学校といった高等教育を無償化しようという動きがある。これに対して，財源が確保できないとの反対意見もある。高等教育の無償化の是非について考えてみよう。

【論点の確認】あなたは高等教育の無償化についてどう考えるか。下の意見を参考に，賛成か反対か，その理由と共に述べてみよう。

賛成の人の意見

これまで経済的な問題で進学をあきらめていた人が進学できるようになる。

教育は国の財産。教育水準が上がれば国も豊かになる。

奨学金の返済に困る人が減る。

反対の人の意見

対象となる高等教育であるすべての大学等が本当に公共的な財産としての価値をもつものなのか疑問がある。

財源の見通しがない。

大学に行かない人にとっては，不公平だ。

【公正の視点での検討】 高等教育の無償化は，どのような（誰と誰の公正，何と何の公正）が問題となっているか，下の「公正」の視点を参考にしながら考えてみよう。

親の所得により大学進学の可否が決まることの公正さ

子どもがいない大人と子どもがいる大人との税金投入の公正さ

大学進学を希望する人と希望しない人との税金投入の公正さ

かつて大学進学をあきらめた人との世代間の公正さ

【論拠をもとにした主張】 公正の視点をふまえ，資料をもとに自分の立場を説明してみよう。

授業料無償化に必要な年間予算額	3.1 兆円

↑③授業料無償化に必要な年間予算額試算〈文科省資料〉

（平成 26 年度入学者）	国立大学 （一律）	私立大学 （平均）
初年度納付金等	817,800 円	1,311,644 円

↑④学生納付金等〈文科省資料〉

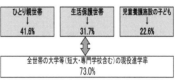

↑⑤家庭の経済事情による進学率の格差〈文科省資料〉

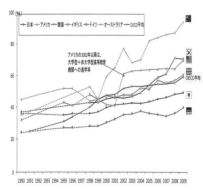

↑⑦諸外国における大学の授業料と奨学金
〈国立国会図書館資料〉

←⑥各国の大学進学率の推移〈文科省資料〉　多くの先進国の大学進学率は上昇しているが，日本の伸びは低位となっている。

1　この規約の締約国は，教育についてのすべての者の権利を認める。締約国は，教育が人格の完成及び人格の尊厳についての意識の十分な発達を指向し並びに人権及び基本的自由の尊重を強化すべきことに同意する。更に，締約国は，教育が，すべての者に対し，自由な社会に効果的に参加すること，諸国民の間及び人種的，種族的又は宗教的集団の間の理解，寛容及び友好を促進すること並びに平和の維持のための国際連合の活動を助長することを可能にすべきことに同意する。
2　この規約の締約国は，1 の権利の完全な実現を達成するため，次のことを認める。
（中略）
(c)　高等教育は，すべての適当な方法により，特に，無償教育の漸進的な導入により，能力に応じ，すべての者に対して均等に機会が与えられるものとすること。

↑⑧国際人権規約社会権規約 13 条

【まとめ】 これまでの自分自身の検討をもとに，高等教育の無償化の是非について，クラスで議論してみよう。

（1）直感的に意見を理由とともに述べ，どのような意見があるのか確認する

　まずは，直感的にその問題について，どのように考えているのか，生徒のメタ認知を確認したい。本教科書モデル案の場合，「高等教育の無償化」問題を取り上げている。この問題について，直感的に自身の意見を問うと同時に，他にどのような意見があるのかについて，「賛成の意見」「反対の意見」を確認する。例えば，賛成意見の場合，「これまで経済的な問題で進学を諦めていた人が進学できるようになる」「教育は国の財産である」という意見があるのに対して，反対意見の場合，「対象となる高等教育である全ての大学等が本当に公共的な財産としての価値をもつものなのか疑問がある」「財源の見通しが立たない」等の意見が提示されている。ここで，「高等教育の無償化」問題の論点も確認できるような紙面構成となっていることがわかるだろう。この「論点」をここで理解し，次の学習活動につなげるのである。

（2）「見方・考え方」を活用し，事実に基づき「多面的・多角的」に考察する

　「高等教育の無償化」問題については，「見方・考え方」である「公正」を視点に考察するような紙面構成になっている。特にこの問題の場合にどのような「公正問題」が生じるのか。以下では，(a)「親の所得により大学進学の可否が決まることの公正さ」（機会の公正），(b)「子どもがいない大人と子どもがいる大人との税金投入の公正さ」（結果の公正），(c)「大学進学を希望する人と希望しない人との税金投入の公正さ」（結果の公正），(d)「かつて大学進学を諦めた人との世代間の公正さ」（結果の公正）を取り上げている。これらの「公正問題」があることを踏まえて，意見を構築するのである。その際，本書では，頻繁にトゥールミン図式を使用する。ここで，そのトゥールミン図式について説明したい。同図式は，イギリスの政治哲学者トゥールミンによって考案された，議論の構造を示す図である（次頁参照）。

事実：資料から読み取った事実を示す	**主張**：事実に基づいてどのような主張が可能なのかをここに示す

理由付け：事実と主張を踏まえてどのような理由付けになりうるのかをここに示す

理由の裏付け：このような理由になる「根拠」となる考え方があればそれをここに示す（例えば，法令等の「事実」）

　基本構造は上記の図であるが，他に「条件付け（〜のような条件を満たせば〜の主張を行う）」を示す場合がある。いずれにしても，「事実」「主張」「理由付け」「理由の裏付け」の論理的・合理的整合性が問われることになる。

　それでは，まず，「高等教育の無償化」について，(d)の「公正問題」を意識し，「世代間の公正さから考えると反対だ」とする意見を構築してみよう。例えば，次のようなトゥールミン図式が考えられるだろう。

事実：授業料無償化に関する年間予算額が3.1兆円かかる（資料③）。	主張：高等教育の無償化に反対である。

理由付け：年間予算額もかかりすぎるし，かつて大学進学を諦めた人からすれば不公正だから。

　他方，（1）の段階で「経済的な問題で進学を諦めていた人が進学できるようになる」という意見に対してシンパシーを感じていた生徒は，(a)の「公正問題」を取り上げて，教科書モデル案の⑤家庭の経済事情による進学率の

格差の資料をデータに，以下のような主張を組み立てるだろう。

| 事実：家庭の経済事情による進学率の格差の資料を読み解くと，全世帯の大学等の現役進学率は73.0%なのに対して，「一人親世帯」の大学等の現役進学率は41.6%であり，「生活保護世帯（31.7%）」や「児童養護施設の子ども（22.6%）」の進学率も全世帯の進学率と比較すると低い状況にある（資料⑤）。 | ⇒ | 主張：高等教育の無償化に賛成である。 |

| 理由付け：親の所得により高等教育を受けられないのは不公正だから。 |

　いずれのトゥールミン図式も，「事実」「主張」「理由付け」について論理一貫した内容となっている。「公正な判断力」はまず，トゥールミン図式でいうところの「論理一貫」した内容を構築することができることがスタートラインになる。そのためには，まず「資料」から正確に事実を読み取れることが重要になる。本書9頁でも述べたように，「公共」では「知識・概念」の習得だけではなく，「技能」の習得も大切なのだ。「事実」を正確に読み取る能力がないと，トゥールミン図式を完成させることはできない。

　さて，例えば，この教科書モデル案の場合「資料一つから事実を一つ」読み取るだけで，トゥールミン図式を完成させるということも可能だが，「資料から読み取る事実を関連付けて」「理由の裏付けを示す」というトゥールミン図式も創り上げることができる。次のトゥールミン図式を参照してほしい。

| 事実：日本の大学進学率は OECD 平均よりも低い（資料⑥）。また，日本の大学の授業料は，「高授業料」で「奨学金も低い」状況にある（資料⑦）。国際人権規約においても，「高等教育の無償化の漸進的な導入により，能力に応じ，すべての者に対して均等に機会が与えられるものとする」との記述がある（資料⑧）。 | ⟹ | 主張：高等教育の無償化に賛成である。 |

理由付け：過去に諦めた人のことを考えていると前に一歩も進まない。現在の高校生が家庭環境にかかわらず，能力に応じた教育を受けることが人権の尊重につながるから。

理由の裏付け：国際人権規約社会権規約13条

　「事実」「主張」「理由付け」を完成できるようになれば，「理由の裏付け」を含めた論理一貫したトゥールミン図式の完成を生徒に求めたい。

（3）クラスで議論する

　最後に，自分自身の意見構築（トゥールミン図式）を踏まえ，他者の意見を傾聴し，意見交換することを本紙面では想定している。ただ，紙面全体では，「合意形成する」「議論する」ことはメインとはなっておらず，事実に基づき，「公正」の「見方・考え方」を活用して，自身の意見を構築することが中心的な活動になっている。すなわち，「公正」の「見方・考え方」を「高等教育の無償化」問題を通して「鍛える」，この問題は「公正問題」として捉えるのであれば，どのような捉え方が可能なのか，これを理解することを通して，「公正」概念の一層の理解を促しているのである。

3 「公正に判断する力」を育成するための授業の条件

（1）生徒が「切実」に感じるであろう課題を選択する

　これは「現代社会の諸課題」を扱う場合に共通していえることだが，生徒がその課題を考えるべき，考えたい，と思えること，そのことをここでは総称して「切実性」としたい。生徒の「切実性」は，目の前の子どもの実態を把握している教員が一番それをよく知っているはずだ。「（生徒にとって）身近な問題」「生徒にとって関心のある時事的な問題」「自分自身の利害に関わる問題」等々がそれに該当するだろう。他方，授業当初は，生徒の関心はそう高くなくとも，授業自体の工夫によって，生徒の関心が高まり「切実性」を感じることもあるかもしれない。先述した教科書モデル案では，「高等教育の無償化」の問題を取り上げた。これは，大学に進学する生徒にとっては関心事かもしれないが，そうではない生徒にとっては関心事ではないかもしれないし，むしろ，この問題を考えること自体を拒否する生徒もいるかもしれない。いずれにしても，学校や生徒の実態を一番把握している教員が課題（主題）を設定することが肝要である。

（2）生徒がその課題に対してどのようなレディネスをもっているのか把握する

　仮に，「現代社会の諸課題」を取り扱うことになったとして，生徒がその問題についてどのように考えているのか，そのレディネスを把握することは授業を円滑に進める上でも重要になる。筆者は以前，「夫婦別氏問題」の授業を作成しようとしたとき，「この問題に賛成か反対か」「その理由は何か」を問う調査を行った。「賛成」の意見は少数で，「反対」の意見が多くを占め，その理由は，「家族の一体化を考えたときに別氏は反対である」との意見が多かった。こういった状況がなぜ発生しているのか，を考えてみると，「女性が男性の姓になることの女性側にとっての問題」や「ほとんどの女性が男

性の姓になっていることの不可思議さ（男性が女性の姓になっていないことの不可思議さ）」といった点について，今の高校生は「想像」できていないのではないか，と感じる。つまり，レディネスを調査することで，生徒の「現代社会の諸課題」に関する認識の実態を把握するとともに，生徒同士の立論をより「対立的」にするための資料の提示等が可能になる。

（3）課題に対してどのような「見方・考え方」が活用可能なのか，その視点や方法でその課題にどう切り込むか，構想する

「見方・考え方」には，「幸福，正義，公正」の他，「公共的な空間における基本的原理」等がある。本教科書モデル案では，「公正」概念のみを「活用」し，考察，判断することを求めていたが，「現代社会の諸課題」によっては，多様な「見方・考え方」が活用可能になる。また，その「諸課題」にどう「切り込む」かによって，取り上げる「見方・考え方」が異なる場合も出てくる。また，「見方・考え方」については，本教科書モデル案に示したように「公正」概念であっても，その具体的な問題に照らし合わせて，どのような「公正問題」が生じているのか，といったより具体的な視点が出てくる。「現代社会の諸課題」の分析に関する教師の力量が問われている。

（4）生徒のレディネスを「裏切る事実」や「理由の裏付け」を示す

（2）でまとめた内容とも関連するが，生徒の「想像力」を超えた「事実」を示すことができるか，が授業の成功の鍵になる。そのためには，取り上げる「現代社会の諸課題」に対する地道な教材研究以外にない。また，本教科書モデル案では，「理由の裏付け」は「国際人権規約社会権規約13条」であったが，自分たちの主張が単なる「言い分」というよりも「社会的に合理性が担保されている」考え方に基づいているといったことを示すことができることも，「公正な判断」には求められる。

議論する力を養う授業
をどう創れば良いか

1 学習指導要領に見る「議論する力」

　平成30年版学習指導要領では，「議論する力」の育成が求められる。「公共」の学習指導要領にはその目標の２番目として次のような記述がある。

> ⑵　現実社会の諸課題の解決に向けて，(a)選択・判断の手掛かりとなる考え方や公共的な空間における基本的原理を活用して，(b)事実を基に多面的・多角的に考察し公正に判断する力や，(c)合意形成や社会参画を視野に入れながら構想したことを議論する力を養う。　　　　　　　　　((a)〜(c)は筆者による)

　この目標から読み取れることは，(a)＋(b)であり，(a)＋(c)ということである。(a)＋(b)については，既に前項で説明をした。本項では，(a)＋(c)について言及する。(a)＋(c)については，(b)が基盤にあって初めて，「構想したことを議論する」ことが可能になる。学習指導要領上の目標では，両者が切り離されているように読めるが，現実的には，(a)＋(b)＋(c)の目標をもった授業として構成される。なお，この「議論する力」については，内容Ｂの「思考力，判断力，表現力」等を養う場面や内容Ｃの探究の学習で主として育成されることになる。また，学習指導要領では，「議論する力」の育成に関して，特に内容Ｃに関連して，その具体的な指導法について，次のような記述があるので留意する必要がある。

共に生きる社会を築くという観点から課題を見いだし，その課題の解決に向けて事実を基に協働して考察，構想し，妥当性や効果，実現可能性などを指標にして，論拠を基に自分の考えを説明，論述すること。

　この記述は，「議論」する上での指標を示しているといえる。このような視点を用いながら，社会の課題の解決のあり方について考察，構想することが求められている。なお，これから取り上げる実践（二反田実践）については，この内容までを射程には入れていないことをお断りする。

2　具体的な授業を踏まえた「議論する力」の育成方略 ：二反田実践を手がかりにして

（1）二反田実践の具体

①指導案の具体

　本項では，特に「議論する力」の育成に関して，2016年9月から10月にかけて行われた福井県立勝山高等学校の二反田雄一教諭によるテーマ「死刑制度」の是非を取り上げることにする（筆者一部修正）。本指導案は，「公共」に位置付けるなら，内容Bの「思考力，判断力，表現力」等の育成に資する授業とすることができる。

1　単元（題材）名　　死刑制度の是非について（全4時間）

2　単元の目標
　○関心・意欲・態度
　・死刑制度に対し，その論点を意欲的に考える。
　・死刑制度をめぐる議論に積極的に参加する。
　○思考・判断・表現
　・死刑制度の是非をめぐる論点を整理する。

・死刑制度存置派または廃止派の意見を聞き，自身の考えを構築する。

○資料活用の技能

・複数の資料を吟味し，必要に応じて適切に活用する。

○知識・理解

・死刑制度存置派または廃止派の意見を理解する。

3 単元の指導計画

第1時	死刑制度に賛成か反対かを問う 死刑制度に対する資料の分類，資料の読み込み
第2時	死刑制度に対する資料の分類，資料の読み込み 各グループによる立論に向けた下準備
第3時	死刑制度について，存置論，廃止論の各グループ（政党）に分かれ，立論
第4時	模擬議会の実施（死刑制度存置派政党と廃止派政党の討論会）

4 準備物　省略

5 全時の学習展開

【第1・2時】コンピューター室

学習活動と予想される生徒の反応	教師の支援と評価
○死刑制度について存置論，廃止論のどちらの立場に立つのか，今の考えを 事前アンケート１ にまとめる。	・コンピューター室で席に着かせる。 ・ 事前アンケート１ を配付する。 ・現時点での自身の考えを書き，(A)(B)の中で選択させる。 (A)死刑制度存置の立場 (B)死刑制度廃止の立場
○パソコンの［資料フォルダ］を開	・死刑制度存置論について書かれた

学習活動と予想される生徒の反応	教師の支援と評価
き，資料を確認する。 ・［資料フォルダ］の中から［存置論フォルダ］［廃止論フォルダ］に資料を分類する。	資料，死刑制度廃止論について書かれた資料をパソコンの［資料フォルダ］に準備する。 ・その中で下記①〜④を基準に考えさせる。 ①意見として根拠をもつもの ②ただの感情論で意見しているもの ③存置論とも廃止論ともとれる資料 ④死刑の条件や執行の概要だけ書かれた資料
○資料を読み込み，それぞれの事実の論点を 資料整理シート に記入する。 ○（第1時終了前）死刑制度について存置か廃止か 事前アンケート2 をとる。 ○存置派グループと廃止派グループに分かれ，立論のための 立論メモ を記入する。	・ 資料整理シート に資料の要約を書かせる。 ・7〜8枚程度作らせる。 ・存置論・廃止論それぞれ最低2枚は書かせる。 ・ 事前アンケート2 では最初の意見と変わって良いことを説明する。 ・ 立論メモ が書き終わらない場合は第3時での宿題とする。 ・理由を裏付けるため［理由関連資料フォルダ］から資料を選択させる。

【第3時】AV室

学習活動と予想される生徒の反応	教師の支援と評価
○存置派グループ，廃止派グループに分かれ，立論メモを基に立論をする。 ・ 立論メモ の根拠事実の信用度，理由の重さ（関連性）を考え，レベルに応じて☆を塗る。	・AV室で席に着かせる。 ・ 事前アンケート1 を配付する。 ・各論グループに弁護士を1名つける。 ・論拠となる資料の優先順位を考えさせる。

・論拠となる資料を分類し，優先順位を考える。 ・それぞれの政党名を決める。 ・相手の意見を想定し，反論意見を準備する。	・その際，以下のように［理由の重さ（関連性）：縦軸］と［根拠事実の信用性：横軸］を踏まえさせる。 
○それぞれの立論の主張を模造紙にまとめ，発表準備をする。 ○発表者以外の主張は，存置派／廃止派への質問を考える。	・存置論，廃止論それぞれ5名ずつ発表者を決める。 ・模造紙，マジックを用意し，プレゼンの準備をする。 ・準備が終わらない場合は宿題とする。

【第4時】

学習活動と予想される生徒の反応	教師の支援と評価
○模擬議会の実施 ・議題：「死刑制度廃止」法案	・模擬議会のロールプレイングを実施する。 ・議長役1名，各政党代表者5名ずつで行う。 ・議長役生徒の進行により，議会を開会する。
○議案の意見陳述 ・死刑制度存置派政党，廃止派政党は各20分ずつ議案の意見陳述を行う。	・議長役生徒に各政党の持ち時間10分を計らせる。 聞いている生徒に相手側の主張のメモをとらせる。

[存置派政党の意見]	[廃止派政党の意見]
・死刑制度は犯罪抑止力になりうる。 ・最高裁判例では死刑は残虐な刑罰に該当しないと認めている。 ・どんな刑罰でも誤判の完全な回復はできず，それが死刑廃止の理由にはならない。 ・人を殺した者は自ら死をもって償うべきだ。	・死刑制度は犯罪抑止力にはならない。 ・更生の可能性がある。 ・死刑は憲法36条の残虐な刑罰に該当する。 ・裁判で誤判によるえんざい事件が存在している以上，死刑だととりかえしがつかない。 ・世界的に死刑制度を廃止している国が多い。
○質疑応答	・それぞれの主張の論拠を示し，政党の意見を正当化させる。 ・政党に属さない生徒からも質問をさせる。 ・これまで学んだ「見方・考え方」を用いて自分の意見の理由を考えさせる。
[存置派政党への質疑応答]	[廃止派政党への質疑応答]
・先進国にならい選挙権も18歳に引き下げられた。死刑制度を廃止させるのも先進国にならうべきではないか。 ・憲法が人権を守るものである以上，国家が人命を奪うのはおかしいのではないか。	・EUでは死刑制度を廃止しているが，効果はあったのか。 ・世界が死刑制度廃止国多数でも，日本の世論を重視すべきではないのか。 ・命を奪われた被害者の人権は戻ってこないので，加害者の人権だけを守る必要はないのではないか。
○採決	

②指導過程の具体

本授業では，生徒はどのように判断し，「議論」をし，意見を変容させたのか。抽出生徒Aの，議論を踏まえた判断の変化を見てみよう。

「立論メモ」を各自でまとめる段階（第1・2時）

抽出生徒Aは次のような立論を行った。なお，「立論メモ」はトゥールミン図式の変形版にて行っている。

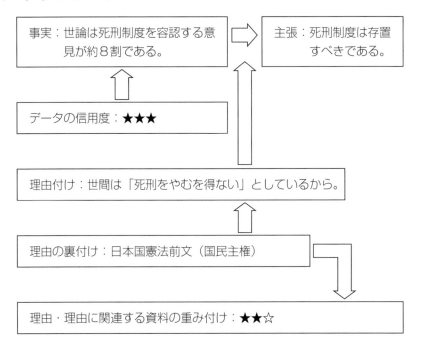

各自の「立論メモ」を踏まえ，「根拠事実の信用度，理由付け及び理由の裏付け」を議論し，吟味する段階（第3時）

弁護士がファシリテーターを務めて各グループで議論する中で，生徒からAさんの根拠事実に対して次のような意見が提示された。

Ａさんは，新聞記事に書かれている事実を基に「死刑制度は存置すべきだ」と言っているけど，パソコンにあった資料を読むと，「国民感情を判断するために参照されるのが世論調査だが，死刑制度の場合，①条件付き存置論や廃止論等の選択肢を設けた，より詳細な調査が必要である，②死刑に関する情報公開が不十分な現状での世論調査には問題がある」と書いてある。Ａさんはデータの信用度は満点（★★★）だけど，その点は大丈夫なんですか？

　この意見を踏まえ，Ａさんは，さらなる調査を行い，「立論メモ」を次のように変更した。

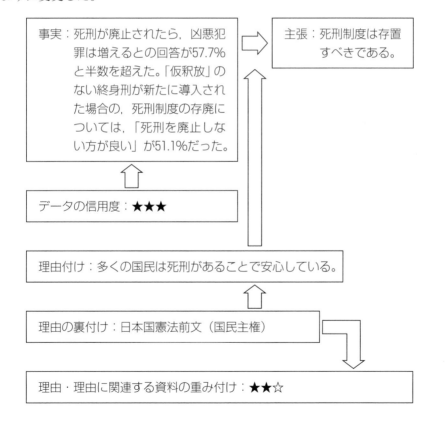

事実：死刑が廃止されたら，凶悪犯罪は増えるとの回答が57.7%と半数を超えた。「仮釈放」のない終身刑が新たに導入された場合の，死刑制度の存廃については，「死刑を廃止しない方が良い」が51.1%だった。

主張：死刑制度は存置すべきである。

データの信用度：★★★

理由付け：多くの国民は死刑があることで安心している。

理由の裏付け：日本国憲法前文（国民主権）

理由・理由に関連する資料の重み付け：★★☆

他のグループでは，次のような意見が出される中で，「理由付け」や「理由の裏付け」の吟味が行われた。

> ・死刑制度の存置の理由として，「被害者遺族の感情に応える刑罰が科されるべき」とあるけど，資料を見ると「死刑は被害者感情を癒やさないとする具体例」が書いてある。この理由は適切ですか？
> ・死刑制度を廃止すべきとする理由の裏付けとして，憲法36条の「公務員による拷問及び残虐な刑罰は，絶対にこれを禁ずる」とあるが，資料を見ると「現行の死刑制度は残虐な刑罰には該当しない」とする最高裁判例が示されているけど，この根拠は正しいの？

自分たちの主張や他のグループの発表の後で，採決に臨む。その後，これまで学習した「見方・考え方」を参考にしながら理由を問う段階（第4時）

> ・いずれの理由の裏付けも認めることができるので，「正当」な意見だけど，やはり「人間の尊厳」を考えると，「人の命は平等でとても大切」なのだから，誤判の可能性がある以上は，死刑制度は廃止されるべきだ。
> ・やはり半数以上の国民が支持している＝「民主主義」を考えると，死刑制度は存置されるべきだ。ただし，誤判の可能性も考えると「終身刑」の併存が望ましいのではないか。

（2）二反田実践に見る「議論する力」の鍛え方

　二反田実践では，資料（事実）を基にして，主張，理由付け，理由の裏付けといった一連のトゥールミン図式の構造を生徒に創らせることを重視した。その際，「事実が本当に事実なのか」「自分のまとめた理由付けと理由の裏付けは信用できるのか」といった2つの指標を用いて，考察させていた。本授

業の特筆すべき点はその2つの指標にある。本書29〜33頁においてもトゥールミン図式を用いた授業展開について触れた。前項で取り上げた授業は，「公正な判断力」を育成するために，まずは論理一貫したトゥールミン図式を創ることができるようになることを目標とした。今回の授業は，「議論する力」の育成を目標とする。その際，「トゥールミン図式」の構築の視点から考えると，「議論する」中で，より精緻な「トゥールミン図式」を創っていく必要がある。つまり，「議論する」中で「深い学び」にするには，自分自身がまとめたトゥールミン図式が本当に「正しい」ものなのか，といった点で吟味する必要がある。二反田実践は，それを可能にするために，前述した2つの問いを示し，座標軸で生徒にまとめさせたのである。さらに，この各グループでの作業には，弁護士が入った。事実関係を見極めるプロといっても良い専門家を導入することで授業に厚みが出た。生徒から示される疑問や質問に的確に答え，生徒はそれを自分たちの意見形成に活かしていた。生徒がファシリテーターをしたのではできない芸当なのである。また，本実践では，議論をより質の高いものにするために「模擬議会」を行い，提案者に対する質疑・応答が行われることとなった。さらには，その準備として，「予想される質問に対する回答づくり」の時間もとった。自分たちの立論の理解を深めるためにも，相手方からの質問に対応することは重要である。この質問や回答づくりにも弁護士が支援を行った。

　「公共」では，「正しい答えがある問題」を取り扱わない。生徒同士の議論でその「答え」を創り上げるプロセスを経験することになる。その際，議論の質を上げないと，「子どもが這い回った」だけに過ぎない，教師にとっても生徒にとっても消化不良の授業になってしまう。それを防ぐためにも，生徒の気づきを深めるような資料の提示（今回の場合は資料フォルダの充実）が欠かせない。また，議論は「訓練」である。何度も繰り返し行うことで，熟達していくものである。その熟達のプロセスにおいて，教師の教育上の工夫（前述の2つの指標，弁護士の授業への導入）は不可欠である。

合意形成，社会参画を視野に入れた授業
をどう創れば良いか

1 学習指導要領に見る「合意形成」「社会参画」

（1）「公共」における「合意形成」「社会参画」
○「合意形成」「社会参画」を視野に入れることの意味

　これまでの記述にも示してきたが，平成30年版学習指導要領において，「合意形成」「社会参画」という言葉が列挙されている。「公共」において，これらの言葉はどのように使われているのか。まずは，「公共」の目標(2)の一部を抜粋し見てみよう。

> 合意形成や社会参画を視野に入れながら構想したことを議論する力を養う。

　他に，内容Ｂの「思考力，判断力，表現力」等の育成に関する記述にも同様の記載が見られる。

> 合意形成や社会参画を視野に入れながら，その主題の解決に向けて事実を基に協働して考察したり構想したりしたことを，論拠をもって表現すること。

　いずれも，「社会参画」をする，ということをいってはいない。「社会参画を視野に入れて，～（中略）～論拠をもって表現する」という言葉にとどまっている。つまり，この記述からは「公共」は直接的な社会参画を想定していない，と読み取れる。そうなると，これまで事例として取り上げてきた日弁連の紙面構成で学ぶ「学び」も二反田実践も，いずれも「社会参画を視

野」に入れた素材といえる。なぜなら，将来「投票行動」を行う有為な主権者として判断の考慮に入れるべき内容をいずれの実践も取り扱ってきたからである。模擬投票や模擬選挙も同様である。また「合意形成」については，先述した2事例は取り上げてきていない。本項では，「（直接的な）社会参画」「合意形成」といった2つの視点で構想可能な授業事例について，以降で紹介する。

（2）「総合的な探究の時間」における「社会参画」

「公共」では，直接的な社会参画は想定していないように読み取れるが，それを「補う可能性」があるのが「総合的な探究の時間」である。「公共」の学習指導要領では，「内容の取扱い」において，次のような記述がある。

> 中学校社会科及び特別の教科である道徳，高等学校公民科に属する他の科目，この章に示す地理歴史科，家庭科及び情報科並びに特別活動などとの関連を図るとともに，項目相互の関連に留意しながら，全体としてのまとまりを工夫し，特定の事項だけに指導が偏らないようにすること。

ここに「総合的な探究の時間」は示されていないが，筆者は「公共」の「社会参画」の学習をより充実させるためには，「公共」と「総合的な探究の時間」とを「連携」させることが，より一層重要だと考えている。その理由は，「総合的な探究の時間」の「内容」に以下の記述があるからである。

> 目標を実現するにふさわしい探究課題については，地域や学校の実態，生徒の特性等に応じて，例えば，国際理解，情報，環境，福祉・健康などの現代的な諸課題に対応する横断的・総合的な課題，地域や学校の特色に応じた課題，生徒の興味・関心に基づく課題，職業や自己の進路に関する課題などを踏まえて設定すること。

つまり，「現代的な諸課題に対応する課題」「生徒の興味・関心に基づく課題」などといった側面を捉えれば，「公共」と「総合的な探究の時間」は「協調関係」を保つことができる。そこで，「公共」と「総合的な探究の時間」を連携させることができる実践例を紹介したい。

2 「公共」と「総合的な探究の時間」との連携
: 小玉実践を手がかりにして

（1）小玉実践の具体

この実践は，当時福井大学大学院教育学研究科の院生であった小玉健太教諭（福井県立丹南高等学校）等が本学の大学生（1・2年生中心）を対象に行った授業である。本実践は「公共」と「総合的な探究の時間」の連携の実践として読み解くと，より教育的価値がある実践になると考えている。

①指導案の具体

本実践は10時間（1時限90分）で行い，テーマに「買物難民問題」を取り上げた内容である。「公共」（内容Cの「地域の創造」に合致したものと想定）に合わせて筆者が全体構成を11時間に直す等して，提示する。

1　単元（題材）名　　買物難民問題（全11時間）

2　単元の目標
・地域に潜む買物難民問題について知り，地域の問題であり自分の問題でもあることを意識する。
・買物に対して地域の人々が抱える問題を調査し，買物難民を減らす環境を理解する。
・問題解決のステップを理解するとともに，一市民として地域の問題に対処する意識をもつ。
・「幸福，正義，公正」等といった「見方・考え方」を活用して，問題の解決

のあり方について，「効果」「実現可能性」といった視点で考察，構想する。

・社会に参画し，その解決のあり方について市役所の人に評価してもらう。

3　全時の学習展開

【第1時】　問題への着目

学習活動と予想される生徒の反応	教師の支援と評価
○グループに分かれる。 ○普段どこに，どうやって買物に行っているのか，自分の消費行動について振り返る。 ○「みつわ西福井　閉店へ」の新聞記事を読み，みつわ（スーパーマーケット）閉店によりどのような問題が生じるのかを考える。 ○なぜ買物難民問題が生じているのか予測する。 ・大型スーパーは利益がないと，すぐに利益のありそうな場所に移転してしまうから。 ・過疎地と都市部で格差が生まれ，店のある場所が偏っているから。 ・商店街などの小さな店がつぶれ，大型スーパーやショッピングセンターは郊外にできてしまうから。 ・車社会になったから。 ・高齢者の増加で，移動手段の少ない人が増加しているから。 ・公共交通機関が充実しておらず，運賃が高いから。	・みつわ周辺に住んでいる学生に，現在どこに買物に行っているのかを聞く。

【第2～4時】 現状把握・分析

学習活動と予想される生徒の反応	教師の支援と評価
○前時の学習について振り返る。	

> みつわが閉店したことによって地域の人たちはどのような問題を抱えているのだろう。

学習活動と予想される生徒の反応	教師の支援と評価
○インタビュー方法について知る。	・インタビューの進め方，留意点を配付し，説明する。
○インタビュー事項を各グループで考え，ワークシートに記入する。	・ワークシートを配付し，インタビュー事項を記入するように促す。
○インタビューをしに行く。	［インタビュー項目］
○インタビューしてきた結果を各グループで確認する。	・自炊をしているのか
○インタビューの目的を確認する。	・買物の頻度はどれくらいか
○地域の人々に対するインタビュー事項を考える。	・みつわをどういう目的で利用していたか
○考えたインタビュー事項をどのようにして対象者に伝えるのかをシミュレーションを通して考える。	・みつわへの交通手段は何だったのか
○再度インタビューをしに行く。	・今どこのスーパーに行っているのか
	・つぶれた跡地に何ができてほしいか
	・買物の頻度に変化はあったか
	・買物以外にどういう目的で利用していたか
	・あなたにとって買物とはどういうものか

〔例〕60代女性　自動車：利用していない，健康状態：普通，みつわ：利用していた
車を持っていないため，自力では行けず，バスや電車を利用し，福井駅前のスーパーに行っている。バスや電車はお金がかかるし，時刻に合わせないといけないので時間に拘束される。

【第5時】 問題の特定

学習活動と予想される生徒の反応	教師の支援と評価
○インタビューしてきた結果を各グループで確認する。	・提出された調査内容を授業者がまとめたものを配付し,それを基に確認し合わせる。
みつわ閉店による買物難民問題の最も解決すべき問題は何か。	
○今までの学習から各自が最も解決すべきだと考える問題を考え,ワークシートに記入する。 ○各自の考えをグループで話し合い,グループで最も解決すべき問題を一つに絞り,ワークシートに記入する。	・グループで話し合う前に個人で考えさせる。 ・①最も解決しなければならない問題,②それは誰にとって問題なのか,③なぜその問題を最も解決しなければならないのかの3点を考えさせる。
〔例〕①生活必需品を買える場所が遠い ②みつわ周辺に住んでいる人 ③自動車,自転車に乗れない人は公共交通機関を使わなければならず,時間,コストの面で苦労する。例えば,足が悪い人だとスーパーから駅までの距離や荷物を持って電車に乗ることをストレスに感じる。車を使ってわざわざ遠くの店に行くのも手間がかかる。また,生活必需品は買物に行く頻度が高く,近くにあった方が良い。	

【第6・7・8時】 解決の選択肢を出す,解決の選択肢検討

学習活動と予想される生徒の反応	教師の支援と評価
○前時の学習を振り返る。	・前時で各グループが特定した問題を授業者がまとめたものをグループに配付し,学習を振り返らせる。
どのような解決策を出せば特定した問題を解決することができるだろうか。	
○VTRから買物難民問題に対する行政やNPO,企業の取り組みを知り,観終わったらどういった取り組みがなされていたかを答え	・VTR「かなざわジャーナル 買い物弱者を救え!!―買い物支援ビジネスの挑戦―」(北陸朝日放送:2012年1月22日放送)を流す。

る。 ○各グループで特定した問題に対する解決策の仮説を立て，ワークシートに記入する。	→ VTRに示される内容： ・コンビニボックス ・御用聞き ・移動販売 ・タクシーによるスーパーへの送迎 　　　　　　　　　　　　　　等

〔例〕販売車が巡回する，市や町がバスを運行する，買物利用のタクシーを援助する，買物代行サービスを普及させる，置き薬方式（コンビニボックス）を行う

○仮説を立てたグループから，特定した問題に対して行政やNPO，企業が実際に行っている取り組みをインターネット，電話調査，アンケート調査等で調べる。	・調査するポイントとして3点挙げる。 (a)実際に行われている取り組みをそのまま解決策としないこと (b)何がその取り組みにおいてうまく取り組まれているポイントなのか，またうまく取り組まれていない場合はなぜなのか，といったことを意識して調査すること
○調査を進めながら解決策をまとめていき，各グループで解決策を考え，PPT，WORDを使って解決策を示す。	(c)みつわ周辺の買物難民問題においてその取り組みがうまくいくのか，インタビューしてきた内容やみつわ周辺の実情を踏まえながら考えること ・調査した内容について授業者が適宜指導を行う。 ・解決策の作成に取りかかる進度は各グループに任せる。

【第9・10・11時】　決定と行動，省察

学習活動と予想される生徒の反応	教師の支援と評価
○前時までの学習を振り返る。 ○発表の説明を聞く。	・各グループの解決策を示した資料を配付する。 ・発表の手順を説明する。必ず質問

させるように工夫する。

○各グループ発表時間（質疑も含む）10分で発表を行う。

〔例〕現在ある移動販売，路線バス運行のサービスを高齢者に周知する，移動販売者，路線バスに添乗員・説明員を配置しわかりやすいサービスを提供する

○コメント用紙に各グループに対するコメントを記入する。

〔例〕人件費，広告費を抑える方法を提案できると良かった。広く多く，サービスを広めるのが解決策だったが，広まった後は，機能するかが次の問題になると思う

> 自分たちの解決策を実現するためにはどういう点を考えれば良いか。

○グループごとに発表で受けた質問やコメント用紙の内容などから，自分たちの解決策を実現するために現時点で考慮しなければならない点を考える。
○自分たちが提案した内容は，「誰でも受け入れられるものか」「この決定を行うにあたってどのような手続きを踏む必要があるのか」「実現可能性は高いのか」（「コスト」「収益」「ニーズ」等）について考える。

〔例〕人件費・広告費を抑える方法，バスの停留所までが遠い

○さらに検討を重ねて，市役所の担当者に手紙を書くよう指示し，次時に評価者として市役所関係者を招くことを伝える。
（以下，省略）

※下線部は筆者が追加したものである

②授業過程の具体

　本実践では，9つのグループが活動する中で「買物難民問題」の解決のあり方を探った。ここでは，第5時で「問題を特定した班」が次時以降でどのような解決の選択肢の提案を行ったのか，一つのグループを抽出したい。

【問題の特定：第5時】

①交通手段の問題　②お年寄りなど　③みつわのところに新しいお店を建てても,みつわのときのようにつぶれてしまったら意味がなく永続的な解決策にはならない。また,みつわがあったときから20分かけてみつわに行っていた人もいて,跡地に新しい店が建っても,もともと買物難民であった人の解決策にはならない。また,若い人は自転車で買物に行けるかもしれないけど,お年寄りは体力的な問題で手段が限られてしまうから。

【解決策の選択肢等：第6―8時】

週に何回かのバスのルートを変更し,老人が乗り降りしやすい場所に停車できるようにする。車を持った学生が老人の送り迎えをする。

【決定と行動他：第9―10時】

デマンド交通システムを用いた送迎システムの運営

【コメント意見：同上】

高効率化が進んでも,運転手やガソリン代が必要であることは変わらず,システム導入による費用などもかかり,採算をとるのはそれほど簡単ではないような気がした。

【コメントを受けて自分たちの解決策を実現するためのキーワード：同上】

買物時間の計算,集客方法

　このグループは,「みつわ」閉店の問題を「高齢者の問題」と設定し,解決策のあり方について,「実現可能性」といった視点から再考しつつあることがわかる。「公共」の授業とするには,さらに「公正」といった視点での考察も必要になるし,「自助」「公助」「共助」といった視点で,解決策の「射程」を自分たちで検討することでその解決策を見直すこともできるだろう。また,行政的な視点での検討を踏まえ,より実現可能性の高い解決策を考案する必要も出てくるだろう。そうすることで,「住民側」の視点から「行政側」の視点に転換でき,多面的・多角的な考察も可能になるだろう。

（2）小玉実践に見る「合意形成」「社会参画」授業の意義

　本実践は大学生を相手に行ったものであるが，高校生にも適用可能な授業例になっている。当時大学生にとっても「身近な」問題であった「スーパーマーケット　みつわ閉店問題」は，大学生がインタビュー調査を進める中で，「自分たちの問題」だけではなく「高齢者にとって深刻な問題」であることをつかみ，その問題を解決することの重要性を感じ取った（問題解決の切実性の高揚）。その後，その解決策について検討を重ね，類似事例として「金沢における買物難民問題」について比較し，「みつわ問題」に当てはめることができるかどうかを吟味した。そして，解決策について練り直しを行い，多様な「視点」を踏まえ，検討を重ねていった。

　本実践を内容Cの「地域の創造」で取り上げようとすると，このくらいの時間がかかる。これは大学生を対象としたものであって，高校生ではより多くの時間がかかるだろう。限られた時間である「公共」だけでは十分な時間は当然ながらとれない。そうであるなら，一層のこと「総合的な探究の時間」と連携して行ってはどうか。この授業の大枠自体は，「総合的な探究の時間」と合致する。「総合的な探究の時間」のテーマとして，仮に「買物難民問題」を取り上げたとしても何も問題ない。では，「公共」では何をどこまで扱うのか，「問題を見つけ出すこと」「その課題を論理的に分析すること」「その課題の解決策を評価すること」あたりは「公共」の範疇になるのではないか。いずれにしても，限られた時間の中で，充実した実践をどう展開すれば良いのか，といった視点で思い切った教科等横断の連携が期待される。

【注】
同実践の詳細は，別稿に譲る。小玉健太他「「社会参加・問題解決型授業」を通した市民性育成に関する研究―2011・2012年度協働実践研究プロジェクトでの取り組みから―」『福井大学教育実践研究』第37号，2012年，pp.31-42

外部連携を視野に入れた授業
をどう創れば良いか

1 学習指導要領に見る「外部連携」

　「公共」においては，外部有識者との連携に関して次のような「内容の取扱い」が示されている。

> この科目の内容の特質に応じ，学習のねらいを明確にした上でそれぞれ関係する専門家や関係諸機関などとの連携・協働を積極的に図り，社会との関わりを意識した主題を追究したり解決したりする活動の充実を図るようにすること。

　中教審の議論でも，その「連携先」として「選挙管理委員会，弁護士会，消費生活センター，NPO」が例示されていた。これらの「連携先」以外でも，税理士会や社労士会，司法書士会，行政書士会等などが積極的に学校現場に「出前授業」を行っている。以下では，一方的な「出前授業」を受け入れることを是とせず，学校教員と各士業等との連携のあり方について，授業のプランを協働しながら作成する事例を紹介し，その意義を説明したい。

2 授業のプランを協働しながら作成するパターン
：弁護士との連携

　まずは，弁護士と学校現場の教員との協働による授業づくりについて取り上げてみよう。以下では，朝日新聞にも取り上げられた「アリとキリギリス」を用いた立憲主義を教える授業づくりについて言及したい。福井では，大学教員と学校現場の教員，そして，福井弁護士会所属の弁護士による福井

法教育研究会を組織している。この組織は10年以上の活動実績があり，とかく，地理歴史は「得意」だが，公民が「不得意」という先生方が学校現場に多い中で，「法の専門家」である弁護士と学校現場の教員が一緒に授業づくりを行ってきた。特に，学校現場の教員のニーズを聞き，それを踏まえて，授業づくりのアドバイスを行うといった流れでこの間，授業づくり・実践を進めてきた。以下で取り上げる「アリとキリギリス」の授業も，元は，学校現場の教員の「立憲主義を生徒にわかりやすく教えたい」という要望に基づいて作成・実践したものである。福井弁護士会には，法教育委員会があり，その委員会に所属する弁護士は，毎年小学生や中学生を対象とした「ジュニア・ロースクール」を行っている（この「ジュニア・ロースクール」は各単位会で夏休みや冬休みの時期に行われており，中・高校現場で用いることが可能な教材の「宝庫」である：各単位会のホームページを参照願いたい）。この「ジュニア・ロースクール福井」で以前行った演劇「アリとキリギリス」を用いて立憲主義を教える授業を立案することとなった。演劇「アリとキリギリス」の内容は，次の通りである。

ジュニア・ロースクール福井2012　演劇
（1）目標
多数のアリたち（社会の構成員）が蓄えた食料（公共財）を題材に，
①（絶対王政から）「民主主義」
② 物事の決め方の種類（手段の公正）
③「多数決」への参加権（機会の公正）
④「民主主義（多数決）の限界，立憲民主主義」について考える。

（2）シナリオ
（①〜③は紙幅の関係で省略）
司会：食料を実際に集めてきているのは確かに働きアリですが，それは一つの役割分担として，社会全体のために集めたものでした。兵隊アリも，一つの役割分担として，社会全体のためにアリの巣を守っています。また，老人のアリは，かつては働きアリや兵隊アリとして社会全体のために役割を担っていたはずです。病気のアリも，病気が治れば社会全体のために働けるかもしれません。逆に，働きアリや兵隊アリもいつ病気になるかわかりませんよね。
では，病気のアリの病気が治らなかったら，病気のアリは多数決に参加できない

のでしょうか。それは違います。社会全体の事柄については，社会全体で決めるべきです。そして，病気のアリも社会の構成員ですから，病気のアリも社会全体の事柄について決める手続きに参加できるはずなのです。それが，社会というものです。社会とは，それを構成する構成員全体の集まりなのです。そして，社会の全構成員が参加できるからこそ，社会全体で決めたことに従う必要が出てくるのです。（また，たくさんの意見が出される方が，よりよい答えが見つかる可能性が増えると思いませんか。）

ナレーター：アリの国では老人のアリも病気のアリも，意見を言えるようになったようです。いよいよ，アリたちの中での食料の分け方の話が始まったようですよ。

女王アリ：じゃあ，次は，みんな一人ひとりがどれだけ食べるか，私たちアリの中での分け方を決めましょう。

働きアリ太郎と次郎：はい，わかりました。

兵隊アリ：じゃあ，俺様は体も大きいし，精一杯働いているし，一日パン５枚な。働きアリは食料を集めてきたからやっぱり一人につき一日パン５枚ずつってことにしよう。爺様は，昔は頑張って働いていたから，爺様にもやっぱりパン５枚やるよ。（病気のアリを指しながら）ただ，お前はほとんど働かないから一日パン１枚な。

働きアリ次郎：それでいいと思うよ。

老人アリ：わしは５枚もいらんじゃ。２枚もあれば十分じゃよ。

働きアリ太郎：それなら，おじいちゃんの分は，今頑張って働いている僕たち（兵隊アリと働きアリ）で１枚ずつもらおうよ。僕ら３人は一人６枚ずつ，おじいちゃんは２枚。

兵隊アリ・働きアリ次郎：いいねえ～。

病気アリ：ちょっと待ってください，ゲホッゲホッ。僕は，たくさん栄養がないと病気が治りません。１枚しかもらえないと死んでしまうかもしれません，ゲホッゲホッ。せめて３枚ください。

兵隊アリ：はいはい。お前がそういう意見だってことはわかったぜ。よし，意見は出そろったみたいだな。では，女王様，多数決にしましょう。

女王アリ：多数決を採っていいのかしらね。じゃ，まず，働きアリ太郎の意見に賛成の人は手を挙げて。

兵隊アリ，働きアリ太郎と次郎，老人アリ：はーい（手を挙げる）。

女王アリ：４票ね。では次に，病気のアリの意見に賛成の人！

病気アリ：ゲホッ（手を挙げる）。

女王アリ：１票ね。じゃあ，働きアリと兵隊アリは一人６枚ずつ。おじいさんが２枚，病気のアリは１枚。

病気アリ：ゲホッ，ちょ，ちょっと待ってください，ゲホッ。

ナレーター：どうやら多数決の結果，病気のアリは一日にパンを１枚しかもらえないことに決まったようです。病気のアリも意見は言えましたし，多数決にも参

加できたのですが，これで良かったのでしょうか？

司会【設問4】：アリたちはみんなで意見を出し合って，多数決という方法で分け方を決めることにしました。そして，その多数決の結果，病気のアリの意見は通りませんでした。しかし，病気のアリは，一日パン1枚では栄養が不十分なので病気は治らないかもしれませんし，もしかしたら死んでしまうかもしれないと言っています。多数決で決めた以上，これは仕方がないのでしょうか？　皆さん，考えてみてください。

司会：多数決で決まったとはいえ，病気のアリにも，十分な食料をあげるべきだったのではないでしょうか。大事な問題を決めるとき，多数決というのは非常に良い方法ですが，多数決で決めさえすれば，どんな結果になっても良いというわけではないのですね。

（1）森川実践の具体

①指導案の具体

　本実践は，森川禎彦教諭（当時福井市立明道中学校）によって行われた。

1　単元（題材）名　　人権と日本国憲法（全6時間）

2　単元の目標
・身近な生活の中にある人権上の課題を取り上げ，日本国憲法をはじめとする法との関わりに着目しながら，意欲的に追究する。
・日本国憲法の基本原理に関わる諸課題について，そのあらましや解決への方向性を，日本国憲法の規定を基に多面的・多角的に考察し，その過程や結果を適切に表現する。
・人権保障の考え方と，日本国憲法をはじめとする法に関する資料を収集し，学習に必要な情報を適切に選択して，読み取ったり，図表などにまとめたりする。
・人権が憲法によって保障されていること，日本国憲法の基本原理と現代社会における意義，天皇の地位と国事行為の特色について理解し，その知識を身につける。

---

3 単元について

　本単元は，平成20年版学習指導要領の内容(3)「私たちと政治」のア「人間の尊重と日本国憲法の基本的原則」について扱う。民主主義社会における立憲主義の必要性や，人権を守るために法の支配や権力分立があること，日本の政治が日本国憲法に基づいていることの意義を考えさせる。また，日本国憲法の3つの基本原則について理解を深め，天皇の地位と天皇の国事行為について理解させる。そして，憲法の平和主義や自衛隊，日米安全保障条約や集団的自衛権などの基本的な知識を理解させ，わが国の安全と防衛について考えさせるとともに，戦争を防ぎ，世界の平和を確立するための意思と態度を育てることを主なねらいとしている。

　民主政治においては，憲法が国の最高法規であることと，憲法に基づいて政治を行うという立憲主義は，最も根本的な考え方である。憲法を頂点とする法の支配と権力の分立が，政治権力の行き過ぎを防ぎ，私たちの基本的人権を守っている。本単元では，立憲主義について，童話「アリとキリギリス」を題材とした創作劇を通して理解させていく。この創作劇は，「ジュニア・ロースクール福井2012」において福井弁護士会のメンバーによって制作されたものであり，「アリとキリギリス」の童話に出てくる多数のアリたちが蓄えた食料の使い方や分け方を，誰が，どのような方法で決めたら良いかを考えていく。

　劇中で，病気のアリが多数決によって不当な扱いを受けることになる。民主主義の立場をとる社会では，意思決定方法として，多数決が採られることが一般的である。しかし，多数決による決定は，少数者に対する不当な扱いを招くことがある。多数決によって少数者を不当に扱わないようにする一つの方策として，少数者にも意見を述べる機会を与えることも重要である。しかし，少数者が意見を述べても，多数派が意見を変えずに多数決で意見を押し切ってしまう可能性がある。そこで，多数決によっても奪うことができない「人権」という権利を憲法によって個人に認めるという考え方がある。この考え方によれば，多数決によって決まった決定であっても，その意思決定内容や手続きが少数者の「人権」を不当に侵害している場合であれば，その決定は「憲法に違反している」という理由で無効とされる。このように，社会的な意思決定の内容及び手続きについて，憲法の規定によってあらかじめ制限をしておこうという立憲主義の考え方を理解させたい。憲法は人権保障の規範であり，そのための国家のあり方を示した規範でもある。憲法は国家の基本法であるが，近代的意味すなわち立憲主義の意味で理解

して初めて「わたし（個人）」の存在が意味あるものになる。一人ひとりの人間がかけがえのない存在として尊重されるべきであることは，私たちの社会を支える基礎的な価値である。それを，本単元を通して体験的に理解させたい。

4　生徒について　省略

5　単元の指導計画

第1次	人権の歴史	1時間
第2次	立憲主義と日本国憲法	3時間　本時（2／3）
第3次	国民主権と天皇の地位	1時間
第4次	日本の平和主義	1時間

6　本時の授業について

（1）本時の目標

・創作劇「アリとキリギリス」の話から，民主主義における多数決の問題点を理解する。

・多数決によって決めてはならないことを明らかにすることで，立憲主義に基づく憲法の意義について考える。

（2）本時の指導について

　本時は，創作劇「アリとキリギリス」を題材に，多数決のあり方を考えさせ，民主主義の限界や立憲主義の必要性を理解させることをねらいとしている。

　設定としては，冬になり食料がなく，アリたちの元へやってきたキリギリスに対し，働きアリたちが夏の間に集めてきた食料を女王アリが独断で渡してしまったことに端を発し，アリたち（働きアリ，兵隊アリ，老人アリ，病気アリ）が，食料の配分についてどのように決めたら良いかということについて考えていくというものである。4つの場面によって構成されており，①キリギリスに食料を分けてあげるべきかどうか，女王アリ一人で決めて良いかどうか。②アリたちみんなで決めることにしたとして，どういった方法で決めれば良いか。③多数決で決めるとして，多数決に参加してはいけない者，参加しない方が良い者はいるか。

④多数決で決めれば，結果がどのようなものであっても良いか，ということを考えていく。本時では，特に④の内容について考えていく。

　まず，多数決による食料の分配に問題がないのかを考えさせる。「手段の公正さ」や「機会の公正さ」に問題がないことを確認しながら，多数決の問題点を考えさせたい。次に，多数決で決めてはならないことは，どのようなことかを考えさせる。その際，「アリとキリギリス」の劇中の話にかかわらず，自由に意見を引き出したい。

　また，3つの事例を通して，自由権や平等権など基本的人権に関わるものは，多数決になじまないものであることを確認させる。

　その上で，「憲法」の中に個人の人権を侵害する決定は無効であると決めておくことで，人権を不当に侵害する社会的決定を排除するという立憲主義の考えを理解させる。最後に，憲法が何のために定められているのかを，これまでの学習を通して考えさせたい。

（3）本時の学習展開

学習活動と予想される生徒の反応	教師の支援と評価
○前時の授業の振り返りを行う。 ○多数決による食料の分け方に問題はないかを考える。 【問題ない】 ・みんなが参加した多数決だから。 ・全員の意見を聞いた上での多数決だから。 【問題あり】 ・病気アリにとって良くないから。 ・病気アリのことを多数決の前にみんなで考えるべき。 ○グループ内で意見交換を行う。 ○民主主義の限界を知る。 ・民主主義の限界→少数者が不当に扱われる危険性があること。	・アリたちの言動を振り返りながら，多数決による「手段の公正さ」「機会の公正さ」について確認する。 ・問題があると考えるならば，その改善方法を考えるように促す。 ◎評価（思考力，判断力，表現力等） 「公正」の視点を考えて，その理由についてまとめられているか ・意見交換の内容に「公正」の視点を意識したものがあれば触れる。

・多数決によって決めて良いこと，決めてはいけないことがある。	

多数決で決めてはならないこととは，どのようなことか。

○多数決で決めてはならないこととは，どのようなことかを考える。 ○次の事項を多数決で決めて良いかを判断する。 　(A)国の政治を批判した人を処罰すること 　(B)女性に選挙権を認めないこと 　(C)政府が国民一人ひとりの職業を決めること	・「アリとキリギリス」の話だけではなく，身近な例で考えさせる。
○理由を発表する。 　(A)個人の表現の自由を否定するものだから 　(B)特定の「性」だけが不当に不利益を被るから 　(C)個人の自由に任せるべきだから	・それぞれの事柄が，自由権や平等権など人が生まれながらにしてもつ基本的人権であることを確認する。
○立憲主義について知る。 ・多数決によって奪うことができない「人権」の保障について「憲法」によって決めておく必要がある。 ・国民から選ばれた代表者も憲法に従わなくてはならない。 ○憲法が何のために定められているのかを考える。 ・国家権力の濫用を防ぎ，国民の人権を保障するため。	◎評価（思考力，判断力，表現力等）立憲主義を理解した上で考えられているか（ワークシート）

②指導過程の具体

　最終的に中学校３年生の生徒は「憲法」をどのように捉えたのか。１名の抽出生徒の意見を見てみよう。

権力者に力が集まりすぎず，他の国民の人権を保障できるようにするためだと思います。なぜなら，「アリとキリギリス」のように，国民の差が生まれてしまったりするのは人権的にもよくないことだし，すべての国民は平等でないといけないと思うからです。

（２）森川実践に見る「外部連携」の意義

　森川教諭はこれまでも弁護士と協働して授業を作成，実施している。本実践はこれまでの実践以上に手応えがあったと答えていた。生徒にまとめさせたワークシートの内容を確認すると，概ね先述のような内容の回答をまとめていた。授業者のねらいを十分達成できたということだろう。

　他方，今回の授業づくりで筆者が感心したことは，「アリとキリギリス」を授業の題材に使うという弁護士の斬新な発想にあった。筆者は学校現場にいたこともあるが，童話を教材にするといったことはほとんど聞いたことがない。「立憲主義」をどう教えれば，間違いがなく，生徒の理解も進むのかを考えたときに，「ジュニア・ロースクール福井の演劇シナリオ」の冒頭にも示したが，①（絶対王政から）「民主主義」，②物事の決め方の種類（手段の公正），③「多数決」への参加権（機会の公正），④「民主主義（多数決）の限界，立憲民主主義」のシナリオの流れが「立憲民主主義の意義」を一番わかりやすく伝えるという判断を弁護士諸氏は行っていた。より高度な専門性をもった外部専門家との連携は，普段教師が気づかない授業づくりにつながり，かつ，より質の高い授業実践を可能にする。本項で取り上げた実践は，中学校の実践であったが，「公共」でも活用可能な実践だとも感じている。今後，外部連携を踏まえた「公共」の授業実践についてさらに検討していく

必要があるだろう。ただ，一点留意してほしいことは，士業等が行う「出前授業」は，クラスの生徒の実態に合っているかどうかの問題が生じる。少なくとも，生徒の実態を踏まえて「出前授業」の内容をより教師の立場で「改善」したものを実施するなどの工夫が必要になるだろう。

（3）「公共」の内容と「外部連携」

　最後に，「公共」の内容項目がどの「外部連携」先とリンクするのかについて，筆者の想定を一覧表にして掲載する。参考にしていただきたい。

外部連携先	「公共」の内容項目
弁護士会	A(3)公共的な空間における基本的原理 B「法や規範の意義及び役割」「多様な契約及び消費者の権利と責任」「司法参加の意義」「雇用と労働問題」 C「よりよい国家・社会の構築」（テーマによる）他
司法書士会 （消費生活 センター）	B「法や規範の意義及び役割」「多様な契約及び消費者の権利と責任」 C「よりよい国家・社会の構築」（テーマによる）他
税理士会	B「財政及び租税の役割」「少子高齢社会における社会保障の充実・安定化」 C「よりよい国家・社会の構築」（テーマによる）他
社労士会	B「雇用と労働問題」「少子高齢社会における社会保障の充実・安定化」 C「よりよい国家・社会の構築」（テーマによる）他
選挙管理委員会	B「政治参加と公正な世論の形成」

中学校社会公民的分野との接続
を意識することの重要性

1 学習指導要領に見る「公共」と「中学校社会公民的分野」との「接続」

平成30年版学習指導要領では，「公共」と「中学校社会公民的分野」の接続について，「見方・考え方」を「共通化」するといった視点で整理が可能である。「中学校社会公民的分野」で取り扱う「見方・考え方」と「中学校社会公民的分野」の全体像を関連させると，次のような図に示すことができる。

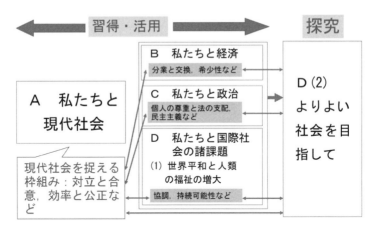

平成29年版学習指導要領における公民的分野の全体構造（著者作成）

「中学校社会公民的分野」では，平成20年版の学習指導要領より「見方や考え方」の教育の充実を目指してきた。平成20年版で既に「対立と合意，効率と公正」を習得，活用する授業実践が行われてきた。つまり，冒頭の内容項目で習得した「見方や考え方」を次の内容項目以降で「活用」する学習である。平成29年版においては，さらに「見方・考え方」の教育を充実すべく

内容Bにおける「経済」「政治」「国際社会」の学習において「習得・活用」することを念頭に、「分業と交換、希少性など」「個人の尊重と法の支配、民主主義など」「協調、持続可能性など」といった「見方・考え方」を登場させた。これらの新出の「見方・考え方」はそれぞれの内容項目において、「習得・活用」されて以降の学習で諸課題を分析する「分析枠組み」等として位置付けられる。「公共」との共通性を踏まえると、「中学校社会公民的分野」でも「公共」でも登場する「見方・考え方」は次の通りである。

> 公正、個人の尊重、法の支配、民主主義

なお、これらの「見方・考え方」以外を「公共」で用いないということではない。「効率」は公共政策を分析する上でも重要な概念である。いずれにしても、「中学校社会公民的分野」で既有の知識・概念なので、それを「活用」しても何も問題はない。第2章以降で「個人の尊重」「法の支配」「民主主義」は扱うので、ここでは「公正」について特に取り上げたい。

2 「中学校社会公民的分野」でも扱う「公正」の学習

既に本書24〜33頁において、「公共」における「公正」の学習については取り上げた。詳細には取り上げないが、「中学校社会公民的分野」ではどの程度の内容を取り扱っているのかだけを確認しよう。筆者が説明によく使うスライドを示し、説明したい。なお、「公共」における「公正」は (a)「倫理的価値」の「義務論」としての解釈と、後述する (b)「結果の公正」「機会の公正」「手続きの公正」の3つの解釈、合計2つが成り立つので、その点は留意していただければと思う。

（1）「結果の公正」

　中学校社会公民的分野の平成29年版学習指導要領解説では，「結果の公正」を「みんなが同じになるようにする」ことと説明している。この説明だけだとよくわからない。例えば，「みかん」をめぐる「紛争」から読み解くとどうなるだろうか。B君は余ったみかんの残り1つを「年長だから自分が食べる」と述べている。この主張をA君が受け入れることは「結果的に公正なのか」ということだ。これは，配分的正義の問題であるが，「配分的正義」の「正しさ」を示す判断基準に「echoffの5基準」がある。これらの判断基準を使って，何が「公正」な配分なのかについて考えることが「結果の公正」になる。

（2）「機会の公正」

　平成29年版学習指導要領解説では，「機会の公正」を「不当に不利益を被っている人をなくす」ことと説明している。明確な差別的扱いは，「不当に不利益を被ること」になるので，右図のように，

「公正とは」

- 「結果の公正」とは「みんなが同じになるようにする」ことである（平成29年版中学校学習指導要領解説 p.139）

  一つずつ食べた上で，俺が年長だから俺が残り一つを食べる

  一人，一つずつ食べよう

  B君　A君

配分指向的公正（配分的正義）

- 配分的正義の判断基準（echoffの5基準）
  - 必要性
  - 能力
  - 適格性
  - 地位
  - 位置（例.じゃんけんの勝敗）
- どの基準を重視するかにより結論は変わる
  - だからと言って基準が無意味なわけではない

「公正とは」②

- 「機会の公正」とは「不当に不利益を被っている人をなくす」ことである（平成29年版中学校学習指導要領解説 p.139）

  Cさんは女性だから，男性だけでみかんを食べよう

  一人，一つずつ食べよう

  私も食べたい

  B君　A君　Cさん

女性を差別的に扱う行為は，「機会の公正」に反するという説明になる。

「公正とは」③
・「手続きの公正」とは「みんなが参加して決めているか，だれか参加できていない人はいないか」ということである（平成29年版中学校学習指導要領解説 p. 139）

（3）「手続きの公正」

　平成29年版学習指導要領解説では，「手続きの公正」を「みんなが参加して決めているか，だれか参加できていない人はいないか」ということと説明している。「（民主的決定における）適正な手続き」の一環と説明できるが，「手続きの公正」については，もう少し幅をもたせたい。「個人の尊重」「法の支配」等とも関連付けられる非常に重要な概念である。「公共」では一番重要な「公正」概念として位置付けることができるだろう。

（4）中学校ではどのように「公正」を教えているのか
①「対立と合意」「効率と公正」を一連のものとして扱う教材例

　この教材は，「中学校社会公民的分野」の内容Aで扱う「対立と合意」「効率と公正」を一連に教える場合の教材である。この教材は，学校で起こった紛争（トラブル）を事例としている。この学校は，右図にもあるように「通学に自転車を使用しても良いのは，自宅が学校から1.5km以上離れた生徒のみとする」という校則がある。この校則に対して，生徒は様々な不満をもっているというシチュエーションを示している。例えば，「駐輪場が余っているのに，なぜ使えないのか」「クラブを終えての帰宅は街灯も少ない道

「対立と合意」「効率と公正」を
一連に教える場合の教材例

「通学に自転車を使用しても良いのは，自宅が学校から1.5Km以上離れた生徒のみとする」

このルールに不満をもつ生徒がいたとする。「なぜ1.5Kmなのか」「夜暗くなってからの帰宅は怖い」「駐輪場の場所が余っているからルールを改定すべきだ」

を帰るので危険」といったような意見が生徒から提示されていたとする。では，このような状況をどう改善すれば良いのか，について生徒に考えさせる事例である。なお，「効率」については，「駐輪場の場所が余っている状況を改善すれば良い」ということになるが，

```
「対立と合意」「効率と公正」を
一連に教える場合の教材例
―自転車置き場の配分

・判断の手順
 ―まず効率性を考える（空きをなくすべき）
 ―次に公正性を考える（分配指向か配分指向か）
 ―配分を指向するなら重視する基準は？
・判断の基準（通学距離基準は合理的か）
 ―必要性基準と考えれば一定の合理性あり
 ―しかし通学距離以外の「必要性」はないか？
 ―（例）身体的問題，性別，部活動…
```

その「余った駐輪場」を誰に配分するのか（結果の公正）といった問題が生じる，ということだ。この場合の配分を決める基準は，「通学距離基準が合理的か」といったことに尽きる。そのため，「配分」する場合は，どのような基準を用いるのか，部活動の「必要性」をどう勘案すれば良いのか，といった問題が出てくる。「身体的な問題」「性別」といったことに関連する「自転車通学を認めてもらいたい人たちの言い分」をいくつか例示して，どの意見を「合理的」と捉えるのかについて，考えさせる。また，どの「言い分」を優先するのか判断するにあたって，その「言い分」を優先する上で他にどのような情報が必要なのかについて考えるプロセスを経ながら，「公正」な判断とはどのようなものになるのかを考えていく。こういった授業を「中学校社会公民的分野」では行っているのである。

② 「公正」を活用する教材例

　この教材は，「中学校社会公民的分野」の平成29年版学習指導要領の内容B経済学習で「公正」を「活用」する場合の教材である。この教材は，文部科学省の「言語活動の充実に関する指導事例集」にも掲載されている教材であり，「環境税の徴収の公正さ」について検討することをねらいとしている。

　この授業では，「環境税」の税負担の公正さを検討するために，「政府」「企業」「家計」の言い分を踏まえ，「累進課税が良いのか，一律課税が良いのか，CO_2排出量に応じた課税が良いのか」等について，生徒が検討を行う。

その際，「公正」の概念を使って，「なぜそのような負担の方法が良いのかについて，意見を論述する」という作業を行った。右下のスライドに示した回答を想定していたが，なかなか難しかったようだ。「公共」で行う教材として活用しても良いかもしれない。

　いずれにしても，「中学校社会公民的分野」と「公共」との接続を考えたとき，その「踊り場」＝「共通化」している概念について，中学校ではどこまで「扱い」，高等学校ではどこまでを射程に入れるのか，今後の検討課題になるだろう。

内容Ｃにおける「公正」の活用①

環境税の導入の是非について検討する授業（福井市立森田中学校）
● 環境税導入の是非に対する意見を確認する
・政府…「CO_2排出量を減らし環境を守ることにつながるので賛成」
・企業…「石油価格が上昇すると経営が圧迫されるので反対」
・家計…「電気代やガソリン代が上昇するので反対」
● グループでより良い環境税の税負担について考える
・累進課税が良いか，消費税のような一律負担が良いか，CO_2排出量に応じた課税が良いか，国民一人ひとりの定額負担が良いか

内容Ｃにおける「公正」の活用②

・所得に応じて累進課税→所得の多い人がより高額の税を負担する。
・消費税のように一律負担→消費税に１％上乗せし，間接税とする。
・CO_2排出量に応じた課税→ガソリンや電気などの利用に応じて負担する。
・国民一人ひとりが定額負担→国民一人あたり月額 1,500 円負担する。

○ グループで検討した税負担のあり方について，「そのような税負担の方法が良いのか悪いのか」について公正といった概念的枠組みを用いて自分の意見を論述する。

内容Ｃにおける「公正」の活用③

・環境税についてその目的と使途を繰り返し検討させる中で，「公正」な税負担のあり方について考察させる。
・例えば，「CO_2排出量に応じて課税」案の賛成の理由として「実際に地球環境を害している人が害している程度に応じて負担するのが公正である」
・例えば，「国民一人ひとりが定額負担」案の賛成理由として「地球環境はみんなのものだから全員が等しく負担するのが公正である」
・最後にどのような税負担のあり方が望ましいのか検討し，「公正」な政策とはどのような政策なのかを考察させる。

高等学校特別活動等との接続
を意識することの重要性

1 学習指導要領に見る「公共」と「特別活動」との「接続」

　平成30年版学習指導要領では，「公共」と「特別活動」の接続について，「内容の取扱い」に次のような記述が見られる。

> 　この科目においては，教科目標の実現を見通した上で，キャリア教育の充実の観点から，特別活動などと連携し，自立した主体として社会に参画する力を育む中核的機能を担うことが求められることに留意すること。

　この記述から読み取れることは，キャリア教育≒主権者意識の涵養を図るために，特別活動との「連携」を重視するということである。では，「特別活動」では「主権者意識の涵養」についてどのような記述が見られるのか。「特別活動」の学習指導要領には，「主権者意識」という言葉は見られないが，「社会参画」という言葉で整理されている。では，「特別活動」ではどのような「社会参画」が目指されているのか。

> ［ホームルーム活動］2　内容
> (1)　ホームルームや学校における生活づくりへの参画
> 　ア　ホームルームや学校における生活上の諸問題の解決
> 　　　ホームルームや学校における生活を向上・充実させるための課題を見いだし，解決するために話し合い，合意形成を図り，実践すること。
> (3)　一人一人のキャリア形成と自己実現
> 　ウ　社会参画意識の醸成や勤労観・職業観の形成

社会の一員としての自覚や責任をもち，社会生活を営む上で必要なマナーやルール，働くことや社会に貢献することについて考えて行動すること。
［生徒会活動］２　内容
(3)　ボランティア活動などの社会参画
　地域や社会の課題を見いだし，具体的な対策を考え，実践し，地域や社会に参画できるようにすること。

　地域や社会の課題を見いだし，具体的な対策を考える，といった記述は，「主権者意識」の育成と直接関わる内容であり，最も「公共」とつながる内容であると考えられる。

２　「特別活動」の充実と「公共」
：兵庫県教委の指導事例集を事例にして

　兵庫県教育委員会は，平成28年３月に『参画と協働が拓く　兵庫の未来〜政治的教養をはぐくむ教育の充実に向けて〜』を発刊し，県下の全ての高等学校に配布した。この指導事例集のねらいについて，同指導事例集では次の通りまとめられている。

　平成27年６月，公職選挙法が改正され，選挙権を有する者の年齢が，満20歳以上から満18歳以上に引き下げられました（平成28年６月19日施行）。今回の法改正により，高等学校・中等教育学校後期課程・特別支援学校高等部（以下，高等学校等と記す。）の生徒の一部は在学中に有権者となり，国政選挙・地方選挙での投票が認められることとなりました。これを契機に政治的教養をはぐくむ教育（以下，政治的教養の教育と記す。）を一層充実させ，社会の形成に責任を持って主体的に参画していく生徒の育成が求められるようになりました。
　しかしながら，従来とは異なる全く新しい取組が求められているわけではありません。これまでも，実際の政治に関わる前段階として，各教科・科目や総合的な学習の時間，ホームルーム活動・生徒会活動・学校行事の特別活動等の時間を通じて，「平和で民主的な国家・社会の形成者を育成することを目的として政治的教養の教育を実施してきました。
（下線部は筆者による）

この文章から読み取れることは，「実際の政治に関わる前段階の教育」に触れており，それに該当する時間として，各教科以外に，総合的な学習の時間，ホームルーム活動・生徒会活動・学校行事の特別活動等の時間に言及していることだ。特に，特別活動と主権者教育を結び付けているところは，兵庫県の特徴である。さらに，同指導事例集では次のような記述も見られる。

　しかし教員の中には，政治的教養の教育の重要性は認識しながらも，現実には「実際，教員がどこまで踏み込んで指導していいのかわからない」，「何を，どのように指導すればいいかわからない」などという戸惑いもあると思います。その結果として「結局よくわからないから，指導できない，指導する自信がない」，「公民科の教員に任せておけばいい」等，教員が消極的になり，指導をためらうことがあるかもしれません。この県事例集は，このような教員の疑問や不安にこたえ，副教材と指導資料を有効に活用し，教育活動全般を通じてすべての教員が政治的教養の教育に積極的に取り組むことができるよう作成しました。　～（中略）～
高等学校等における政治的教養の教育の基盤は，日々のホームルーム活動や生徒会活動を活性化させ，生徒一人一人が自ら課題を見つけ，仲間とともに解決策を模索し，実行していく力を身に付けることにあります。　　　（下線部は筆者による）

　特に下線部をご覧いただければと思うが，兵庫県は，とかく公民科の教員に任せがちな「政治的教養をはぐくむ教育」に全ての教員が取り組めるようにしている。また，先述したように，「政治的教養をはぐくむ教育」について，特に「特別活動」の役割の重要性を指摘している。そして，「学級から地域社会，地域社会から県・国へ，参画と協働」をモットーに，「ホームルーム活動を中心として課題を共有し，意思決定のプロセスを学ぶことで政治的教養の基礎を身に付ける」「生徒会の一員である自覚と責任感を持ち，主体的に自らの役割を果たすことで参画と協働の態度と自治活動の力を培う」「公共的課題の解決策を考えることで，課題解決と合意形成のプロセスを学び，有権者としての政治的判断力を養う」の以上３点を目標として位置付けている。いずれも全教員が取り組む「ホームルーム活動」の中で実施することを想定したカリキュラムとなっている。では，具体的に「公共」との接続，

特に，本指導事例集に掲載されている「公共的課題」についてどのような事例を取り上げているのかについて，具体的に見ていくことにする。

　これらの課題の中には「公共」と接続可能な課題が示されている。本項では，特に，「中山間部の小学校の統合」について取り上げたい。

活動内容	参　画	協　働
兵庫県自転車安全利用条例	県民として自転車の法令や安全で適正な利用についての知識を深め，現状について問題意識を持つ。	歩行者・自転車等が安全に通行し，県民が安心して暮らすことができる地域社会の実現をめざし，高校生の視点で解決策を検討する。
大学の授業料と奨学金	国民として大学の受験料と奨学金の現状・課題などについて多面的・多角的に考察し，公的負担のあり方について考える。	大学の授業料と奨学金について自分の考えに基づき，課題解決のために協働する。
小学校の統合	地域住民の一員として，地域の歴史的・地理的背景を学び，統合の争点を理解し，現状の課題の解決に参画する。	望ましい学習指導や学校運営を実現するために，様々な立場の人の意見や利害を超えて，課題を整理し合意形成する。
公共交通の維持	地域生活の基盤である公共交通を維持する必要性を理解し，費用負担のあり方を理解する。	公共交通のあり方を公正に判断し，維持のために協力する。
商店街の活性化	空き店舗の活用など地域商業の再生と活性化について学ぶ。	地産地消や食の安全など消費者としてイベントなどに参加し，意義を理解して積極的に行動する。
環境保全	人と自然が共生する地域を創ることの意義を学び，環境破壊と保全の現状について理解する。	環境を保全するために，緑化運動・景観保全などのイベントに参加するなど，主体的に行動する。

授業展開	生徒の活動・参考資料
ア　現状を知る（10分） ■篠山市多紀地区の3小学校の学級数と国や市が示す学校適正規模を比較させる。 ■市民参画のあり方を知る。	●個人活動：ワークシート（ア）の記入 資料1：小学校の学級数と適正規模 資料2：統合の経緯 ・学級数の減少が統合の契機であると知る。 ・国と市で適正規模に差があることに気づく。 ・地域課題への市民参画のあり方を知る。
イ　問題点を発見する（10分） ■歴史的・地理的視点からの問題点を考えさせる。	●個人活動：ワークシート（イ）の記入 資料3：市の成り立ち（市町村合併の歴史） 資料4：各小学校の立地と地域コミュニティ（地理）
ウ　多様な意見を整理する（10分） ■多様な意見を3つの視点で整理させる。	●個人活動：ワークシート（ウ）の記入 資料5：小学校統合の争点と住民の意見 ・住民の意見を3つの客観的視点に整理する。
エ　解決策をつくる（20分） ■多様な意見から合意形成するために必要な視点や意見を考えさせる。 ■意見の違いが視点の違いであることに気づかせる。	●グループ活動：話合い ●個人活動：ワークシート（エ）の記入 ・合意形成に必要な意見を考える。 ・意見の違いの背景を考える。

この授業では，資料１～５を生徒が読み解き，また，「小学校の統合」問題について，どのような影響が出るのか，「教育」「地域」「行政」の視点から考察することになる。例えば，「教育」の視点であれば，その「立場」は「学齢・就学前の児童の保護者」や，「教職員」の立場から考える。その際の「論点」は，「一定規模の集団の確保が児童の教育上重要である」「通学距離や通学時間の適正化，児童の安全性の確保」「バランスのとれた教職員集団を可能にする」といった内容であり，これら３つの視点と，「保護者会の議事録」を起こした「住民の意見」（「少人数では学習面，運動面で競争心に欠ける」等８つの意見）を参考にしながら，「小学校の統合」問題について検討することを生徒に求めている。

　この指導案をご覧いただければおわかりになるかと思うが，「公共」の内容Ｃ「持続可能な社会づくりの主体となる私たち」の「地域の課題」に合致する内容になっている。ただ，「公共」との違いは，「見方・考え方」の活用が十分ではない点である。いずれにしても，「特別活動」でここまでの内容ができるのであれば，引き続き，「公共」はこの指導案の内容を踏まえて，他地域との比較等を通して，より「深い」学習を組織することができるだろう。

　「特別活動」は，これまで「学校行事の準備時間」に多くを当てられてきた。この際，「特別活動」を本来の姿に戻すべきではないか。元々「特別活動」は「学級の民主主義づくりの場」であった。現在，「18歳選挙権年齢の実現」に伴って「社会参画」「主権者意識の醸成」が求められる中で，兵庫県教育委員会の「先進的取り組み」を参考にしながら，「公共」を基軸にし，「特別活動」「総合的な探究の時間」と関連させたカリキュラム・マネジメントが今後求められるだろう。

（橋本　康弘）

【引用・参考文献】
高等学校学習指導要領「特別活動」，平成30年３月
兵庫県教育委員会『参画と協働が拓く　兵庫の未来～政治的教養をはぐくむ教育の充実に向けて～』，平成28年３月

第 **2** 章

「公共」の
教材づくりと
授業モデル

1 公共の扉

◆1 帰結主義と非帰結主義

　ここからは，具体的な教材の事例を説明していきたい。まずは，内容 A の「公共の扉」に示される「見方・考え方」として位置付け可能な6つの概念について，その「概念規定」と「教材例」を紹介することとしたい。まずは，「選択・判断の手掛かりとなる考え方」としての「帰結主義と非帰結主義」を取り上げる。

1 概念規定

　帰結主義（幸福）と非帰結主義（公正）については，次のように説明できる。

> 　帰結主義とは，「行為を道徳的に判断するとき，その行為から生じる結果を考慮する立場」である。代表的な「帰結主義」の考え方として挙げられるのが功利主義である。他方，非帰結主義には，カントの「義務論」等がある。義務論の場合，「道徳的決断は行為者の義務と他者の権利という要因を考慮に入れてなされるべきだという立場」である。「動機」を重視する考え方とまとめることができよう。

　なお，「帰結主義」を根拠に考察し，構想する場合，「何を『良い』事態として考えるのか」「誰がそう判断するのか」「帰結の価値を決めるものは何か」といった副次的な問いが発生する。「帰結主義」には，「そもそも誰も中

立的ではいられない中で，行為の帰結全てを知ることなどできるのか」（ロールズ）といった批判も成り立つ。他方，「非帰結主義」の場合，カントの義務論を用いた意見の具体は，先述した「基本的義務」に基づくものであり，それ自体は，当たり前な道徳律である。特段新しい「学び」につながるかは疑問である。

2 教材例

（1）「帰結主義」「非帰結主義」の教え方

「公共」には以下のような記述がある。

内容Ａ⑵　公共的な空間における人間としての在り方生き方

イ(ア)　倫理的価値の判断において，行為の結果である個人や社会全体の幸福を重視する考え方と，行為の動機となる公正などの義務を重視する考え方などを活用し，自らも他者と共に納得できる解決方法を見いだすことに向け，思考実験など概念的な枠組みを用いて考察する活動を通して，人間としての在り方生き方を多面的・多角的に考察し，表現すること。　（下線部は筆者による）

　この記述から読み取れることは，「思考実験」などを用いて，「倫理的価値」としての「幸福」と「公正」の考え方を「活用」し，「人間としての在り方」を考察，表現するための教材を取り上げるということだ。そのためには，まず，「倫理的価値」としての「幸福」と「公正」を思考実験等を用いて容易に生徒が理解できるような教材例が必要になるということだ。

（2）「思考実験」としての「トロッコ問題」

　まずは，「思考実験」としての「トロッコ問題」を取り上げたい。「トロッコ問題」とは，今から約50年前にイギリスの女性哲学者フィリッパ・フットによって投げかけられた倫理的思考実験である。

トロッコ問題

①線路を走っていたトロッコの制御が不能になった。このままでは前方で作業中
　だった5人が猛スピードのトロッコを避ける間もなくひかれてしまう。

②このとき，たまたまマツコは線路の分岐点のすぐ側にいた。マツコがトロッコ
　の進路を切り替えれば5人は確実に助かる。しかし，別の路線でも，ユズルが
　作業をしていて，5人の代わりにユズルはひかれてしまう。マツコは，進路を
　切り替えるべきか否か。

　この設問の場合，「幸福」を重視する場合は，トロッコの進路を切り替え
る判断になる。他方，「公正」を重視する場合，誰かを他の目的で利用する
ことはできない。だから，何もできない，という判断になる。このケースは，
マツコさんが，トロッコの進路を切り替えるか否かの判断以外に多くの人命
を助けるすべはない，5人は線路から逃げられない等とするシンプルな状況
を設定する必要がある。では，次のような問題だったらどうか。

③マツコは線路の上にある橋に立っており，マツコの横にフトシがいる。フトシ
　は体重が重く，もし彼を線路上に突き落として「防波堤」にすればトロッコは
　確実に止まる。結果として5人は助かる。ただし，結果としてフトシがトロッ
　コにひかれて死ぬ。フトシは状況について何も知らない。フトシはマツコに対
　し警戒もしていないので突き落とすことは可能である。マツコはフトシを突き
　落とすべきか？

　この状況の場合，「幸福」を重視するのであれば，進路を変えようが，フ
トシさんを突き落とそうが，問題はない。が，「公正」を重視するのであれ
ば，誰かを他の目的で利用することはできないと考えるので，何もできない
ということになる。以上のような形で「倫理的価値」を容易に理解させたい。

80

人間の尊厳と平等

1 「公共的な空間における基本的原理」の教え方

　まずは「公共的な空間における基本的原理」の中の「人間の尊厳と平等」についてである。同原理についての「内容の取扱い」は次の通りである。

> 日本国憲法との関わりに留意して指導すること。

　取り上げられる基本的原理は、「人間の尊厳と平等」「個人の尊重」「民主主義」「法の支配」「自由・権利と責任・義務」であるが、各々単体の概念としてよりは、「公共的な空間」の文脈でそれぞれの概念がどう整理できるのか、といった観点で教材を考えていく必要があるので留意したい。

2 教材例

（1）「人間の尊厳と平等」の教え方

　「公共」では、「人間の尊厳と平等」について、「内容の取扱い」で以下のような記述が見られる。

> 「人間の尊厳と平等、個人の尊重」については、男女が共同して社会に参画することの重要性についても触れること。

（2）教材例としての「アファーマティブ・アクション」

　本項では，「アファーマティブ・アクション」を取り上げたい。日本語に訳すと「積極的格差是正措置」のことである。特に日本では，最近，女性に対する積極的改善措置＝ポジティブ・アクションが主唱されており，政府は「男女格差の解消」を積極的に推進しているところである。そういった状況を踏まえ，架空の国で以下のような状況を仮に設定した場合に，どのように判断すれば良いのかについて，生徒にまずは考えさせたい。

女性国会議員の比率がゼロである「〇〇国」では，女性の社会進出が遅れていることによって，出産・育児，家庭と仕事の両立など，様々な問題の解決が遅れている。女性議員がいることで，問題を正確に把握でき，実効性の高い政策が立案できるはずなのに，それができていない現状がある。そこで，「〇〇国」では，ある政党が「女性国会議員を全国会議員の半数にする」とした法律案を国会に提出した。この法律案に対して，各政党から様々な意見が提示されている。

　まずはここで，この政策について賛成か反対かを生徒に問い，その理由について考えさせたい。次に，2つの政党が以下のように主張していることを把握させたい。

女性の社会進出党：1995年に「国連ナイロビ将来戦略勧告」が採択された。「ナイロビ勧告」では，「指導的地位に占める女性の割合を30%に増やす」ことが宣言されている。しかし，「〇〇国」では女性の国会議員がゼロの状況である。女性の人口比率は男性と同じ割合で全人口の50%を占める。しかし，国会議員は，全て男性である。その結果，様々な課題について，女性の立場を踏まえた解決策が提示されにくくなっている。今や，世界の半数以上の国が，一定程度の割合で女性を国会議員とするクォーター制度を導入している。「〇〇国」でも思い切った改革が求められている。

能力主義優先党：本来国会議員は，国民の代表であり，能力主義で選ばれるべきである。しかし，女性国会議員を半数にする，という法律を認めてしまうと，仮に能力が高い男性がいたとしても，その人が国会議員の半数に入れない可能性もある。つまり，数値目標を決めてしまうと，自由な競争が阻害され，不平等になる危険性があるのではないか。

　以上のような２つの政党の意見を踏まえて，例えば，以下の資料「〇〇国内閣府による世論調査（男女共同参画社会に関する世論調査，男女共同参画社会に関する有識者アンケート調査，社会意識に関する世論他）」「〇〇国の育児休暇の男女別取得率」「〇〇国の共働き夫婦の男女別家事分担率」「〇〇国の女性の労働力率（M字曲線）」等を読み解き，女性の社会進出の現状と政治に対する女性の意識について把握する。そして，「能力主義優先党」に対する「反論」を考える。「同じ能力がある男女がいた場合，どちらを選ぶのか」「そもそも能力をどう測れば良いのか，そしてその能力は男女に相違性があるのか」等と問う。また，クォーター制を導入している韓国の事情も勘案し，〇〇国はどのような目的の下でどう対応をすべきなのか，意見とともに理由を述べることで，「男女平等」の意義，ひいては，協働関係をつくり上げていく上での基礎ともいうべき「人間の尊厳」の意義について考えることができるように展開したい。

　ちなみになぜ，〇〇国という「架空の状況」を設定したのかというと，日本の国会議員の選出を事例にする場合，日本独特の政治慣習（「地盤・看板・カバン」）や政治文化といった様々な要素が絡み合い，この問題を本格的に検討しようとすると，高校生の既習レベルを大きく超えてしまう恐れがあるため，〇〇国と設定し，複雑な条件を回避する中で，この問題を考えるといったことを意識した。

3 個人の尊重，民主主義，法の支配

　ここでは，概念規定は最後に回し，「個人の尊重」「民主主義」「法の支配」
を一連のものとして理解することが可能になる教材例をまずは紹介したい。
この教材は，京都府立園部高等学校の中山義基教諭と京都大学法学部の土井
真一教授が協働して作成した教材を一部修正したものである。

1 教材例

　以下は，グループ4人組を作った後で行う「思考実験」である。まずは，
課題1に関して，議長とAさん，Bさん，Cさんにカードを渡す。

課題1（議長用）
A・B・Cの3人は，3つの候補地（アメリカ，フランス，中国）から，3
人で一緒に行く旅行先を1つ決めようとしています。3人が行きたい順序は，
次の表の通りです。

	A	B	C
1位	アメリカ	中国	フランス
2位	中国	フランス	アメリカ
3位	フランス	アメリカ	中国

（Aさん，Bさん，Cさんには自身の該当部分のみ渡す）

　この段階で，教師は「多数決」で1つ行き先を決めるように指示する。当
然のことながら，3人とも行きたい場所は異なるので，「どこに行きたいか」

は決まらない。どうやって決めて良いかわからないグループが多く出ること
が予想されるので，例えば，方法①「中国かフランスのどちらに行きたい
か」と問うた後で「中国かアメリカのどちらに行きたいか」と問うパターン
と，方法②「中国かアメリカのどちらに行きたいか」「アメリカかフランス
のどちらに行きたいか」と問うパターンでは，希望順位から判断して，方法
①と方法②の結論は異なる。結論的には，多数決によって結論が出たように
思えるが，その方法によって結論が変わるという状況にあることを確認する。
次に課題2を行う。

課題2

A・B・C・Dの4人は，現在の幸せ度が0です。今，政策Ⅰ・Ⅱ・Ⅲを選
ぶと，それぞれの幸せ度は，次のように変化します。

	A	B	C	D	幸せ度の合計
現在	0	0	0	0	0
政策Ⅰ	10	5	−30	10	−5
政策Ⅱ	25	25	−30	30	50
政策Ⅲ	10	10	25	10	55

あなたのグループでは，どの政策を選ぶのが，最も望ましいですか？
（課題1と同様，A用～D用を作成する）

〈それぞれの政策の内容〉 ※架空の政策
政策Ⅰ……京都から新幹線を走らせる。京都では東海道新幹線に接続し，乗
　　り換え無しで東京まで行くことができる。駅建設の負担は自治体がもつ。
政策Ⅱ……亀岡駅近くに京都スタジアムを建設し，新たな大型商業施設やホ
　　テルを建設する。亀岡市民は，優待券がもらえる。
政策Ⅲ……福知山～園部間を結ぶJRバスの運賃に京都府等が補助金を出し，
　　園部～京丹波町役場前間の運賃を800円から均一200円とする。

課題3

多数決で決めると政策Ⅱになりますが，反対するCを「排除」しても良いのでしょうか。なぜ「排除」してはいけないのでしょうか。（話し合いをすれば政策Ⅲの可能性もありうる）

2 教材例を通した「概念規定」

　生徒は小学生の頃から「多数決」は良い方法と考えており，課題1は，生徒の「多数決絶対主義」を打ち壊す学習である。「多数決」はその採り方によって変わってくるもので，「話し合いをする」という選択肢が，協働的な利益を得る上で重要であることを認識することが可能になる。

　課題2については，多数決を採ると，政策Ⅱが選ばれる。「できるだけ多くの人ができるだけ幸せになる社会」（功利主義）という考え方を採ると，政策Ⅲになる。この場合，多数決を採ると，明らかにCの損害は大きくなり，Cに犠牲を強いることになる。「多数決の原理」を採用すると，「少数を犠牲にして自分たちの幸せを追求する人を止められなくなる」（「民主主義の限界」）。一方で，全ての人の「幸せ度」が相互に把握できていれば，議論を積み重ねることで，政策Ⅲを選ぶことが可能になるだろう。つまり，公共空間における全ての者に対して合理的な議論が開かれている必要があり，そうすることで，協働関係の利益を得ることになるのである。その際，「各人は尊厳をもつかけがえのない人格として平等に配慮され，その個性や多様な考え方・生き方が尊重されなければならない」（個人の尊重）ので，そういった「対等」な関係になって初めて，協働関係をつくる前提条件が成り立つのである。また，このような協働関係をつくるためには，「法が，人々を公平・公正に処遇し，相互の信頼を確保する」ものであることを理解するとともに，法が恣意的な運用をされることのないよう，政府を含めて全ての者を法に服させ，個人の自由と平等を保障しなければならない（法の支配）のである。

4 自由・権利と責任・義務

1 教材例

　「自由・権利と責任・義務」について，定義を教えることはたやすいが，具体的な教材でどのように教えれば良いのか。特に，「公共」は「協働関係の構築」といった視点が重要になるので，その点から具体的な教材を示したい。その「教材」とは，「言論の自由」を扱った「公式ニュースの発表」という「思考実験」である。

「同士たちよ！　われらが人民共和国は世界に誇るべき自由を勝ち取り，労働者たちは奴隷の身分から解放された！　ブルジョワという敵を打ち倒すために，これまでは，反対分子を煽動する言論や，輝かしい革命を覆しかねない言論を禁じる必要があった。しかし，永久に言論を制限するのはわれわれの意図するところではないし，最近では，そろそろ次の段階へ大きく飛躍すべきだという人々が増えている。同士たちよ，われらが親愛なる指導者は，今がまさにそのときだと判断なさった！　ブルジョアが一敗地にまみれた今，われらが親愛なる指導者は，言論の自由を与えてくださるのだ！　来週の月曜日から，何か言いたいことがある者は，たとえ人民共和国を批判する虚言であれ，望みとあれば，国じゅうに新しく設置された"自由言論の部屋"に行きさえすればよいのだ！　言論の自由がないなどという不満はこれでなくなる！　ただし，人を煽動する虚言を部屋の外で口にした場合は，これまでどおり処罰されることになる。革命よ永遠なれ，そしてわれらが敬愛する指導者よ，永遠なれ」

まず，この教材を生徒に読むことを求めた後で，次の問いを発したい。

この状態は，「言論の自由」を認めた状態なのか？

ほとんどの生徒は，この状態は「言論の自由がない状態」だと答えるだろう。なぜなら，「自由言論の部屋」でのみ「言論の自由」が認められているから，そう答えるだろう。つまり，生徒は，「言論の自由」を「どこでも誰にでも言いたいことを言える自由」と捉えているのではないか。ただ，「言論の自由」とはそのようなものなのだろうか。「思ったことを何でも言うことができる」のであれば，「嘘や悪口」だって認められることになる。そのとき，「言論の自由絶対主義者」は次のように述べるだろう。

聞きたくない言葉は無視すれば良いだけではないか。嘘や悪口も「言論の自由」の範囲である。「言論の自由」の範囲を国家が勝手に狭めるのなら，それこそ，国による「検閲」そのものではないか。

このような「言い分」について，あなたはどのように反論するだろうか。
「言論の自由絶対主義者」はさらにたたみかけて，次のように主張するかもしれない。

「ヘイトスピーチ対策法」に反対だ。われわれは差別意識など助長していない。自分たちの「考え」を表明しているだけだ。

このような「言い分」について，あなたはどのように反論するだろうか。
虚言を放つこと。例えば，「どこそこに爆弾を仕掛け，まもなく爆発する」と電話をしたとするなら，パニックになるかもしれない。そうなると，けが人が多数出る恐れもある。悪口を言うこと。「人の心を傷つけることになるかもしれない」，などの反応が考えられる。

2 教材例を通した「概念規定」

> では，「言論の自由」とはどのような「自由」なのか。「ヘイトスピーチ」はだめなのだろうか。公共空間を築く上で「言論の自由」とはどのような意義があるのだろうか。

　公共的な空間が「安全・安心」という協働の利益を継続して確保するためには，言論の「自由・権利」は認められるが，その際，「安全・安心」を維持するための「責任・義務」も当然リンクするのである。

　公共空間においては，「言論の自由」，特に，自分自身や他者について意見表明を行う機会が保障される必要があること，他方，「ヘイトスピーチ」（その内容次第であるが）のように他者の自由や権利が侵害されることがないようにすることが前提になる，ということをここでは確認しておきたい。「ヘイトスピーチ」を行わないという「義務や責任」を果たすことが，「安全・安心」な社会の構築＝「協働関係の利益」の礎になるのである。

（橋本　康弘）

【引用・参考文献】
トーマス・カスカート著，小川仁志監訳，高橋璃子翻訳『「正義」は決められるのか？』かんき出版，2015年
辻村みよこ『ポジティヴ・アクション―「法による平等」の技法』岩波新書，2011年
衛藤幹子「諸外国にみる政治的ジェンダー平等の推進」『Voters』No.38，2017年6月，pp.6-9
三浦まり「女性の政治参画を阻むもの」前掲書，pp.10-12
京都府教育委員会『「法やルールに関する教育」実践事例集～京都式「ふるまいの教育」の進め方～』，2016年
ジュリアン・バジーニ著，向井和美訳『100の思考実験』紀伊國屋書店，2012年

2 自立した主体としてよりよい社会の形成に参画する私たち

 「理解」を目標とする授業 ①法的主体となる私たち
多様な契約及び消費者の権利と責任

1 「公共」における 「多様な契約及び消費者の権利と責任」の扱い方

　学習指導要領「公共」によれば，内容 B の(ア)法に関わる主題で，「多様な契約及び消費者の権利と責任」について学習する。「内容の取扱い」では主に「公共的な空間における基本的原理の活用」「現実社会の諸課題に関わる主題の設定」「(他者と) 協働の必要な理由，協働を可能とする条件，協働を阻害する要因の考察」について言及している。そして，(ア)については「私法に関する基本的な考え方を扱うこと」とあり，私法を取り上げることを要求している。また，情報についても適宜取り扱うよう明記されている。

2 「多様な契約及び消費者の権利と責任」の 授業化の方向性

　授業化の方向性を，契約と消費者法の背景にある法的な考え方を習得し活用することとする。活用する法的な考え方は，「公正」である。契約や消費者法の背景にある「公正」とは，情報の質や量，交渉力が対等であり，自由に契約を結ぶことができる点において対等ということである。近代社会では，自由で自立した私人の行為に法や国家は介入しないのが原則である（私的自治の原則）。しかし，現代においては，企業と消費者との間には情報の質や量，交渉力の格差があるため対等ではない。そこで，消費者契約法や特定商取引法などの消費者法は，情報の質や量，交渉力の格差を是正し，実質的な契約自由を実現して公正を保とうとしている。これを前提に授業化を行う。

「多様な契約及び消費者の権利と責任」の授業モデル
： 「契約」を通して消費者法の「公正」を考える

（1）単元目標

・具体的な事例を通じて契約自由の原則とその例外について理解する。

・消費者法は「公正」という価値に基づいていることに気づく。

・契約は社会を支えている基盤であることに気づく。

（2）単元指導計画

第1時	ディズニー映画『リトル・マーメイド』と，「ペプシ裁判」を通して，契約自由の原則と契約の無効・取消原因を理解する。（契約の基本原則と例外）
第2時	「期待値ゲーム」と「中古車売買ゲーム」を通して，情報の非対称性に対して消費者法によって公正を保っていることに気づく。（法制度）
第3時	「お菓子取引ゲーム」を通して，契約は社会を支えている基盤であることに気づく。（契約と社会との関係）
第4時	契約書を作ることを通して，公正という法的な考え方を活用する。（法的な考え方の活用）

（3）第1時の授業内容

①いままで生きてきて「契約」をしたことがあるかどうか聞き，ある場合はどのようなときに契約したか聞く。その上で，契約は当事者間の意思表示の合致で成立すること，契約が成立すると権利義務関係が生じ，それを果たさない場合は法的な責任を取らなければならないことを説明する。

②民法の原則である所有権絶対の原則，契約自由の原則，過失責任の原則を説明し，今回は契約自由の原則を中心に学習することを伝える。

③ディズニー映画『リトル・マーメイド』を視聴して，人魚姫アリエルが海

の魔女アースラの契約書にサインする場面を確認し，契約書を和訳させる。
④「アリエルとアースラが結んだ契約は有効か？」を４人１組で話し合わせる。考える視点として，以下の５点を提示する。

視点１：誰と，どんな内容を，どんな方法で，契約を結ぶかどうかは自分で決める。結ばれた契約は最大限尊重されなければならない。

視点２：契約は法的拘束力をもつため，裁判所は義務を履行することを相手に求める。

視点３：アースラは「私人間で結ばれた契約は有効で，国王でも破れない」と言っている。

視点４：契約は「声を永遠に失わせる」という反社会的な内容。

視点５：法的には，契約は以下の２つがクリアされてはじめて効力がある。
・契約が成立したかどうか。（両者の意思表示がなされ，合意しているか）
・契約の効力が認められるかどうか。（契約の内容や動機に問題はないか）

⑤「民法ではどのように書かれているのだろうか？」と問いかけ，民法第90条を提示する。その上で，契約相手を害したり，自己責任を問えなかったりする場合は契約の拘束力が否定されることを説明し，アリエルとアースラの契約は成立しているが，公序良俗違反で効力を有しないことを確認する。

⑥「契約の効力が認められない場合は他にもあるか？」と問いかけ，1996年のペプシコーラのCMを見せながら以下の事例を考えさせる。

1996年，700万ポイント（約8,000万円）で戦闘機がもらえるというペプシ社のCMを見て，実際に700万ポイントをペプシ社におくったジョン（24）。しかし，ペプシ社は「CMは冗談で，8,000万円の製品の代金と引き換えに26億円もする実物の戦闘機がもらえるはずがない」といって取り合わない。ジョンは，ペプシ社に対して，戦闘機の引き渡しないし契約違反を理由に損害賠償を請求できるか？

---

⑦米連邦地裁は「社会的常識に照らし合わせて契約の内容は不適当であり，契約は効力を有しない」として原告が敗訴したことを新聞記事（1999年8月8日，朝日新聞）で確認させる。契約した内容の実現が不可能な場合に

は，裁判所は契約内容の実現に助力することはできないため，契約に効力はないことを説明する。この他，契約をしたことは明らかだが契約に十分に対応する真意を欠いている場合（錯誤，詐欺や強迫）や，乳幼児，酩酊状態，重度の精神障害者など契約の結果を判断する能力のない者が契約当事者の場合は契約は無効となることを説明する。

⑧「法は契約においてどのような考え方を重視しているのか？」と問いかけ，法は契約を結ぶ者同士を対等の立場に置こうとすること，これは法の基本的な価値である「公正」を実現しようとしているということを確認する。

（4）第2時の授業内容

①次の「期待値ゲーム」を提示する。

> 箱の中にはお金が入っている。500円1枚，100円1枚，50円1枚，10円1枚，5円1枚，1円1枚。お金にはヒモがくっついている。ヒモをひっぱって出てきた硬貨を得ることができる。参加料は1回108円。このゲームに参加する契約を結ぶか？

②実際にやらせた上で，期待値を説明する。このゲームの期待値は約111円である。何回も繰り返せば獲得できる金額の平均は約111円に近づいていくため，ゲームの参加料が108円であれば参加した方が得になる。

③次の「中古車売買ゲーム」を行う。

> 20人の売り手と20人の買い手がいる。10人の売り手の車は無事故車で，残りの10人の売り手の車は事故車（外見ではわからない）である。売り手は自分の車が事故車かどうかわかるが，買い手はわからない。事故を起こしていない車は50万円の価値があり，事故車が10万円の価値があるとする。クラス内で自由に売買契約をしてみる。売買価格は交渉で決める。

④中古車価格の期待値は30万円であるから，30万円以下でしか売買契約は成立しない。つまり，事故車の10台しか売買は成立しないはずであることを説明する（逆選択）。情報の非対称性があると逆選択が起き，効率的な市場が阻害されること，また，情報をもっている方が圧倒的に有利になり，対等な私人として契約を結ぶことができなくなることを説明する。

⑤人は消費者にもなるし事業者にもなるため，消費者法は，消費者を守るだけでなく，契約を結ぶ両当事者を対等な立場におこうとする「公正さ」を重視していることを説明する。契約を解除できる仕組みを設けているのも，同様の趣旨であることを説明する。

⑥「契約に関するトラブルがあったときは，どうするか」と問い，消費生活センター等で専門の相談員が受け付けていることを教える。

（5）第3時の授業内容

①「4人1組でお菓子の交換契約をしてみよう」と言い，各班に違うお菓子が入った袋を配布する。アメ，チョコ，ペコちゃんキャンディー，うまい棒，たけのこの山の全種類をより多くそろえるように指示をする。

②交換後では種類をそろえることができた班が多いことを確認し，契約を結んで交換をした方が社会全体として豊かになることを説明する。

③「実力行使OK。契約を守らなくても良い」と宣言し，奪い合いが起こることを実感させる。ここで，「私たちは毎日，多くの人と様々な交換を行うことで，よりよい生活を実現している。企業が行っている取引も同じ。商品を提供し，代わりにお金を得る。その商品を欲しいと思う企業・消費者が多ければ，より多くの利益を得ることができる。契約をしていれば，約束の日に，商品が引き渡され，代金が支払われる（権利義務関係）。契約がしっかりとなされていること，契約が実行されない場合には裁判所がその実現を図ってくれること，契約に関するルールが定められていること。これらは安心して取引を行うための条件。こうした契約によって，社会は成り立っている。契約は社会を支えている基盤である」と説明する。

（6）第４時の授業内容

① 「文化祭のクラスＴシャツについての売買契約をしてみよう」と言い，４人１班（高校生役が２人，Ｔシャツ業者役が２人）をつくらせる。契約をしないという選択肢もあることを注意しておく。

② 各班に「利害カード」を配り，売買交渉をさせて契約書を作成させる。

【高校生役　利害カード】

・クラス全員分のシャツを買う。上限は１枚2,000円。安く買いたい。

・自分たちでデザインしたい。

・支払いは前払いではなく商品と引き換えに現金で払いたい。

・依頼したものと違うデザインだった場合，賠償金をもらうか，別のＴシャツを無料でもらいたい。

・別の業者の場合は，全て込みで１枚1,500円。

【Ｔシャツ業者役　利害カード】

・Ｔシャツ１枚の原価は1,100円。客は大切にしたいが，高く売りたい。

・お店で用意したデザインの料金は１枚300円，持ち込んだデザインなら料金１枚500円だが，注文してほしいから少し柔軟に対応しても良い。

・支払いはなるべく前払いにしてほしい。

・違うデザインを間違えて印刷した場合は，賠償金などは払いたくない。

③ 契約書をクラス全体で共有し，もう一度自分たちの班の契約書を見直させる。その際，学習全体を振り返らせる。

（7）評価について

○契約自由の原則とその例外，契約は社会を支えている基盤であることを理解できているか。（知識及び技能）

○「公正」に契約書を作成することができているか。（思考力，判断力，表現力等）

（小貫　　篤）

「理解」を目標とする授業 ①法的主体となる私たち
司法参加の意義
：話し合い活動をメインに据えた模擬裁判の取り組み

1 「公共」における司法参加の扱い方

　学習指導要領「公共」では，内容Ｂア(ｱ)において，「法や規範の意義及び役割，多様な契約及び消費者の権利と責任，司法参加の意義などに関わる現実社会の事柄や課題を基に，憲法の下，適正な手続きに則り，法や規範に基づいて各人の意見や利害を公平・公正に調整し，個人や社会の紛争を調停，解決することなどを通して，権利や自由が保障，実現され，社会の秩序が形成，維持されていくことについて理解すること。（筆者下線）」とされ，司法参加の意義について学ぶことが明記されている。また，「内容の取扱い」において「裁判員制度についても扱うこと」と示されており，裁判員制度を通して，法に対する見方や考え方を養うことが求められている。平成21年版の科目「現代社会」においても，司法参加の意義が記述されており，以前のものを踏襲したといえる。裁判員制度の学習は小中学校段階でも学習するため，高等学校の学習においてはより内容を深めた学習が求められる。

　そこで，本稿において，「公共」における司法参加の学習問題にどのように取り組むべきか，筆者が取り組んだ事例を基に，司法参加に関わる学習のあり方について論じる。

2 司法参加と模擬裁判の扱い方

　西洋諸国においては，古くから市民が司法（裁判）に様々な形で関与することが行われてきた。日本では，1990年代に司法制度改革が進み，その改革の一環として，2004年「裁判員の参加する刑事裁判に関する法律（同年５月

28日公布，法律第63号）」が成立し，2009年から施行された。以下に裁判員選任手続きと裁判員裁判における概略を示す。

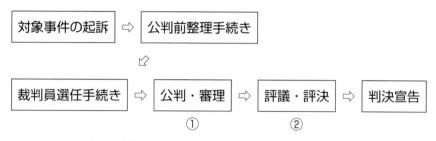

図1　裁判員選任手続きと裁判員裁判の手続き（概略）

　裁判員裁判は，重大な刑事事件の第1審で採用されている。多くの学校では司法参加の学習として，模擬裁判を思い浮かべる方も多いであろう。橋本は模擬裁判の意義について「社会科・公民科における教育方法としての模擬裁判は，裁判の手続きを児童生徒が体験することを通じて，裁判官・検察官・弁護人や裁判員の裁判手続きにおける役割を深めさせることが可能になる方法とまとめることができるであろう。[1]」と述べ，模擬裁判を通じて裁判手続きを学ぶ重要性について論じた。通常の模擬裁判の場合，図中①の活動を通じ，役割体験的活動を行い，刑事司法のもつ意味や手続きの正当性について学習することになる。一方，これまで図中②の部分の活動に注目されることが少なかったのも事実である。平成30年版学習指導要領において「主体的・対話的で深い学び」を実現するという意味でも，ここでは模擬裁判においては「評議」を中心にした学習モデルを提案したい。主体的で対話的と聞くと，単に話し合い活動を行っていることによって実現できたと考える向きもあるが，それは間違いともいえる。平成30年版指導要領において「主体的で対話的な」学びに加えて「深い学び」の必要性を訴えている点は，高等学校の授業改善において重要な視点となるだろう。すなわち，模擬評議という学習課題に向き合った生徒にとって，評議における話し合い活動は，場面設定の場としても論点を学ぶ上でも大きな意味をもつと思われる。

③ 模擬裁判の実施にあたって

　当該実践では，評議を体験させることを主目的に計画した。この授業では，地元大学法学部の協力を得た。外部機関の連携については，新科目「公共」でも明示されており，ますます求められるものになるだろう。法教育を行うにあたり，都道府県弁護士会や大学などとの連携があると，これらの活動も容易になると思われる。

　今回の模擬裁判においては，架空の事件を設定した。起訴状に記載された内容は以下の通りである。

起訴状（架空の設定）

　被告人は，平成21年8月31日午後9時45分ごろ，飲酒により正常な運転ができない状態であったにもかかわらず，普通乗用自動車を運転し，岐阜県M市1851番地先の県道23号をM市方面からA郡方面に向かって走行中，折から同所付近の横断歩道を東から西に横断歩行中の新里達也（当時23歳）の存在に気が付かず，漫然，時速40キロメートル制限のところ，時速65キロメートルの速度で進行し，同人に自車前部を衝突させて同人を路上に転倒させ，よって，翌9月1日午前8時ごろ，岐阜県岐阜市橋本町3丁目23番地所在の朝日大学歯学部付属村上記念病院において，同人を脳挫傷，急性硬膜下血腫により死亡させたものである。

　事実関係については，裁判後に争いのない事実を列挙し，評議がスムーズに進行するような設定を行った。この学習テーマとして，この起訴内容の場合，被告人側の事情（例：残業が多い企業のため肉体的な疲労があった）と被害者側の事情（例：地元の期待を背負って歯学部に進学した学生）が双方に存在し，これらの事情がある場合，刑事裁判はどのような役割をもつのかを考えさせる展開とした。

単元計画は以下の通りである。第1時は通常の授業時間内で教科書を用いて授業を行った。その上で2時・3時は大学からの協力を得て，模擬評議中心の授業を行った。

表1　指導計画「司法参加と裁判員制度」

	学習内容	備考・指導上の留意点
第1時	○刑事裁判の制度 ○司法への様々な関与 ○裁判員制度と検察審査会制度の違い	教科書を利用して，刑事裁判の制度を理解させる。
第2時	○授業の概要説明 ○模擬裁判 　生徒は，大学生による模擬裁判を裁判員という立場から見る。 ○裁判内容に関わる質疑応答	模擬裁判では，論点を自分なりに整理するように指示をする。
第3時	○「評議」の流れについての説明 ○模擬評議の実施 　模擬評議の実施に際して，グループごとに大学生（法学部所属学生）を配置し，議論のファシリテーター役として参加。 ○模擬評議の結果発表 ○担当教員と大学教員からの講評	裁判員制度における「評議」の重要性とその流れを解説する。 大学教員は生徒からの質問にも対応する。

　本実践における第2時の模擬裁判は，演劇部分を大学生（朝日大学法学部生有志）が担当した。教室は特別教室の部屋を用意し，次頁に示す形（図2）で模擬法廷をつくった。

　授業の第3時にあたる模擬評議を充実させた。通常の模擬裁判だと，生徒が模擬裁判を担当する。その場合，シナリオ型模擬裁判であっても，裁判官や検察官の役を行う生徒には学習目的以外の負担がかかることが多い。一方，評議中心の模擬裁判の場合では，そこまで心理的負担が少ないため，評議で話し合うための手がかりを見つけようと集中して裁判を見ることができる。

結果として，評議に参加する者は裁判で検察官や弁護士を役割体験する以上に集中して裁判員裁判に参加することができると考えられる。

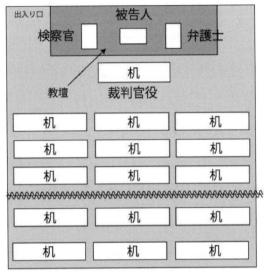

図2　模擬裁判の時の配置図

4　授業の成果と課題

　模擬裁判の授業を公判中心から「評議」中心のものにしたいという実践であったが，生徒の活発な話し合いを引き出すことができたのが印象的であった。評価規準としては，①事実を基にして議論することができる，②刑事裁判にまつわる各自がもつ様々な価値観を評議で表出することを理解し，社会問題について関心をもつことができる，③刑事裁判が社会で果たす役割を理解することができる，をあげることができる。もともと授業実践をした学校の生徒は，あまり社会科を得意にする者が多いわけではなかったが，授業後は「楽しかった」「裁判員に積極的に参加してみたいと思った」といった感想を聞くことができた。

5 まとめ

　科目「公共」において，司法参加に関わる学習について，「評議」を中心に据えた形での話し合い活動授業の提案と実践報告を行った。同様の取り組みとしては，NHK の E テレで放映された『昔話法廷[2]』も同様の考えに基づいて制作されている。

　唐木は，話し合いを計画する際のポイントとして，以下の点を指摘する[3]。

> ①考察，思考・判断，説明，その先に「話し合い（議論）」の場面を位置付ける
> ②社会的な見方・考え方を，話し合いにおける争点の明確化に生かす
> ③子ども一人ひとりの意見を大切にしながら話し合いを組織する

　裁判評議においては，話し合いの中から刑事裁判の目的とは何か，なぜ刑罰があるのかを追究することができる。これは唐木の指摘する場面設定の大切さとつながるものであり，内容と話し合いの意味付けが授業者に問われているものといえる。

　話し合いと聞くと，コンピテンシーの問題として考えられがちであるが，評議には話し合う内容の深さが求められるのであり，そのためにも教師自身が刑事裁判に関わる論点について，日頃から問題意識をもち，その内容で「評議」を行う授業が求められていくのではないだろうか。今後，評議を中心とした模擬裁判が増えてくることを期待したい。　　　　（加納　隆徳）

【注】
(1)橋本康弘「模擬裁判」日本社会科教育学会編『新版　社会科教育事典』ぎょうせい，2012年
(2)E テレ『昔話法廷』では，正当防衛の成立の是非や死刑制度の是非など刑事裁判をめぐる論点を考えさせる素材が準備されており，2018年8月現在，8作品がHP上で公開されている。また，授業への使用を想定した指導案やプリント類も公開されている。
(3)唐木清志「課題解決的な学習／争点の明確化／子供一人ひとりの意見の尊重」『社会科教育』707号，明治図書，2018年

「理解」を目標とする授業 ②政治的主体となる私たち
政治参加と公正な世論の形成，地方自治

1 「公共」における 「政治参加と公正な世論の形成，地方自治」の扱い方

　学習指導要領「公共」においては，内容Ｂの政治的主体に関わる学習において「政治参加と公正な世論の形成，地方自治」を扱うこととなっている。その取扱い方は，「政治参加と公正な世論の形成，地方自治（中略）に関わる現実社会の事柄や課題を基に，よりよい社会は，憲法の下，個人が議論に参加し，意見や利害の対立状況を調整して合意を形成することなどを通して築かれるものであることについて理解すること」とある。つまり，①現実の社会に存在する事柄や課題を取り上げて，②議論などを通して意見や利害の対立を調整し合意形成を行い，その上で地方自治や民主政治の発展に寄与しようとする自覚や住民としての自治意識の涵養に向けて，民主政治推進における選挙の意義を理解させる必要がある。

2 「政治参加と公正な世論の形成，地方自治」の 授業化の方向性

　本稿では，「政治参加と公正な世論の形成」を自分の身近な問題として捉えさせるために，自分が住んでいる「地方自治」の課題を見つけ，それを解決するための方策を考え，県議や市町村長にプレゼンテーションを行う活動を示す。多くの高校生にとって「政治」や「政治参加」は縁遠い存在である。その「遠い」政治を身近に感じさせる第一歩は，自分の住んでいる地域の身近な課題を発見し，それを解決しようとすることから始まる。そして，さらにその解決方法が住民にとって利害の調整が必要な場合は「政治」が必要となり，世論形成が必要になることを知る[1]。本授業では，「課題」を発見し，

「資料」を集め，課題解決の方法を考える際に「知識」を獲得し，政治参加への意識を高める「広義の主権者教育[(2)]」を目指している。

3 「政治参加と公正な世論の形成，地方自治」の授業モデル
：地域の課題を解決しよう！

　本稿では，青森県選挙管理委員会が行っている「高校生模擬議会」のためのグループワークと高知県立山田高等学校が実施した「高校生と県議会議員で政策をつくろう」の2つの授業実践をたたき台にして，それを新科目「公共」の趣旨に合うように筆者が再構成したものを示す。また，ここでは学年6クラスの高校を想定した授業案を提案するので，クラスごとに別々の「課題テーマ」を事前に与えておく。例えば，A組「人口」，B組「農林水産業」，C組「経済」，D組「輸出入」，E組「観光」，F組「就職」などとする。

（1）単元目標
　地方自治を舞台に，地域の課題や問題を探し，その課題や問題を解決する方法などを考え，県会議員などに提案する活動を通して，主に政治参加を体験することによって「政治的主体となる私たち」の存在を理解する。

（2）単元指導計画

第1時	クラスに指定された「課題テーマ」に関して，読み込みが宿題となっていた「データから分かる本県の姿[(3)]」と，それ以外に各自が調べてきた資料をグループで検討し，「本県の課題」の解決法を考察する。なお，40人クラスの場合は5人グループを8班に分けておく。
第2時	宿題となっていた「解決策」の県や市町村窓口での相談を基に，自分たちのグループが考えた解決策の「実現可能性」を検討し，プレゼンテーション（1グループ5分）の準備を行う。なお，時間がとれない場合は，県や市町村の窓口相談を含め，本時をカットして全4時間の単元にしても良い。

第3時	クラスごとにプレゼンテーションを行い，クラス代表チームを決める。
第4時	学年集会でクラス代表によるプレゼンテーションを行い，県会議員[4]にプレゼンテーションを行う代表2チームを決める。その際，外部の審査員をお願いすると良い。
第5時	学年集会で代表2チームが，県会議員にプレゼンテーションを行う。県会議員からプレゼンテーションへのアドバイスをもらった後，代表チームは30分間で提案を修正し，再度県議にプレゼンテーションを行う。30分の修正の間，他の生徒は県議から「なぜ県議になったのか」「県政の課題」などの話を聞く。

（3）第1時の授業内容

　事前に配布されて読み込んでいた「データから分かる本県の姿」と，その資料以外に各自で調べてきた資料をグループで検討する。それらの資料からクラスに指定された「課題テーマ」の中で解決すべき項目を討論して決める。

　その後，ブレインストーミングなどで自分の属するグループが解決したいと考える項目の解決方法を自由に出し，それらをKJ法などで整理して考察を深める。なお，県内の大学に地域創生学部などがある場合はその大学の学生を，あるいは地域創生のNPOがある場合はそのメンバーなどを相談役として招き，各グループの相談役や，ブレインストーミングのファシリテーターなどをお願いする。

　解決策が決まったら，県や市町村の窓口を訪れ，担当の職員に解決法の「実現可能性」を相談したり，アドバイスをもらったりすることを宿題として指示する。なお，相談に行く際は，事前にアポイントを取ること，その際，授業の趣旨を説明し相談内容を事前に伝えること，短時間で相談が終わるよう準備してから訪問することなどを徹底しておく。

「データから分かる本県の姿」の例（ここでは青森県の例をあげる）

・A組「人口について」

資料１

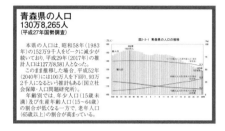

青森県の人口
130万8,265人
（平成27年国勢調査）

　本県の人口は、昭和58年（1983年）の152万9千人をピークに減少が続いており、平成29年（2017年）の推計人口は1277万8,581人となった。
　このまま推移した場合、平成52年（2040年）には100万人を下回り、93万2千人になるという推計もある（国立社会保障・人口問題研究所）。
　年齢別では、年少人口（15歳未満）及び生産年齢人口（15～64歳）の割合が低くなる一方で、老年人口（65歳以上）の割合が高まっている。

資料２

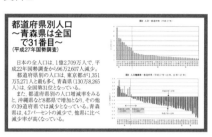

都道府県別人口
～青森県は全国
で31番目～
（平成27年国勢調査）

　日本の全人口は、1億2,709万人で、平成22年国勢調査から96万2,607人減少。
　都道府県別の人口は、東京都が1,351万5,271人と最も多く、青森県（130万8,265人）は、全国第31位となっている。
　また、都道府県別の人口増減率をみると、沖縄県など8都県で増加となり、その他の39道府県では減少となっている。青森県は、4.7パーセントの減少で、他県に比べ減少率が高くなっている。

資料３

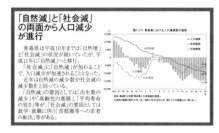

「自然減」と「社会減」
の両面から人口減少
が進行

　青森県は平成10年までは「自然増」と「社会減」の状況が続いていたが、平成11年以降「自然減」へと移行。
　「社会減」に「自然減」が加わることで、人口減少が加速されることとなった。近年は自然減の減少数が社会減の減少数を上回っている。
　「自然減」の要因としては「出生数の減少」や「高齢化の進展」「平均寿命の短さ」等が、「社会減」の要因としては就学・就職に伴う「首都圏等への若者の転出」等がある。

資料４

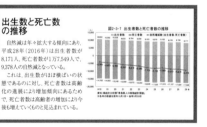

出生数と死亡数
の推移

　自然減は年々拡大する傾向にあり、平成28年（2016年）には出生者数が8,171人、死亡者数が1万7,549人で、9,378人の自然減となっている。
　これは、出生数がほぼ横ばいの状態であるのに対し、死亡者数は高齢化の進展により増加傾向にあるためで、死亡者数は高齢者の増加により今後も増えていくものと見込まれている。

資料５

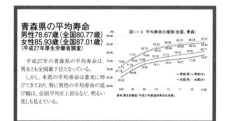

青森県の平均寿命
男性78.67歳（全国80.77歳）
女性85.93歳（全国87.01歳）
（平成27年厚生労働省調査）

　平成27年の青森県の平均寿命は、男女ともに全国最下位となっている。
　しかし、本県の平均寿命は着実に伸びてきており、特に男性の平均寿命の延び幅は、全国平均を上回るなど、明るい兆しも見えている。

資料６

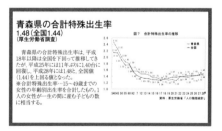

青森県の合計特殊出生率
1.48（全国1.44）
（厚生労働省調査）

　青森県の合計特殊出生率は、平成18年以降は全国を下回って推移してきたが、平成25年には11年ぶりに1.40台に回復し、平成28年には1.48と、全国値（1.44）を上回る値となった。
　※合計特殊出生率…15～49歳までの女性の年齢別出生率を合計したもの。1人の女性が一生の間に産む子どもの数に相当する。

資料7

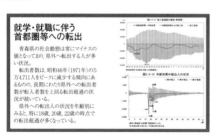

就学・就職に伴う
首都圏等への転出

青森県の社会動態は常にマイナスの
値となっており、県外へ転出する人が多
い状況。

転出者数は、昭和46年(1971年)の5
万4,711人をピークに減少する傾向にあ
るものの、長期にわたり県外への転出者
数が転入者数を上回る転出超過の状
況が続いている。

県外への転出入の状況を年齢別に
みると、特に18歳、20歳、22歳の時点で
の転出超過が多くなっている。

※データはそれぞれ以下の資料を活用した。
　資料1，3，4，7
　「平成29年度版　青森県社会経済白書」
　資料2
　「平成27年国勢調査人口等基本集計結果　要
　約」
　資料5，6
　「平成29年度版　よくわかる青森県」

（4）第2時の授業内容

　宿題となっていた県や市町村窓口での「解決策」の相談を基に，グループが
提案する解決法についての「実現可能性」などの検討を加えて，さらにアイデ
アを出して考察を深めながらプレゼンテーションの準備を行う。本時も大学生
やNPOの方と相談できるようにしておく。

（5）第3時の授業内容

　クラスごとにプレゼンテーションを行い，クラス代表チームを決める。

（6）第4時の授業内容

　学年集会でクラス代表によるプレゼンテーションを行い，県会議員にプレゼ
ンテーションを行う代表2チームを決める。その際，審査委員を外部の方にお
願いすると良い。

　第4時の最後に，担当教員が生徒に以下のことを伝える。

①6クラス全て異なる「本県の課題」を割り当てたが，本県の課題は6つだ
　けではない。まだあるか探していくことが大切である。

②各クラス，異なる「本県の課題」の解決策を提案してもらった。いろいろ
　な解決策があることを学べたと思う。

③身近な問題を考えると，その解決のためには行政の役割，住民の役割など
　が必要なことがわかってきたと思うので，今後も積極的に地域へ参画し地

方自治や政治への関心を高めてほしい。

（7）第5時の授業内容

　学年集会で代表2チームが，県会議員にプレゼンテーションを行う。代表2チームのプレゼン内容を事前に県議に伝えておくなどして，県議からは建設的なアドバイスをもらえるよう十分打ち合わせを行っておく。アドバイスをもらった後，代表チームはアドバイスを基に30分間で自分たちの提案をブラッシュアップし，再度県議にプレゼンを行う。30分の修正の間，他の生徒は県議から「なぜ県議になったのか」「県政の課題」などの話を聞く。

（8）評価について

　第3時にクラスごとに行うプレゼンテーションを，教員だけでなく生徒の相互評価も加えて評価する。
○本県の課題や問題点を理解できているか。（知識及び技能）
○本県の課題や問題点を解決する方法を，事実を基に協働して考察し，表現
　（プレゼンテーション）できているか。（思考力，判断力，表現力等）

（藤井　　剛）

【注】
⑴2017年10月の衆院選で，10代の投票率は山形県が全国トップだった。その理由の一つとして，山形県は高校生のボランティア活動が大変盛んで，その活動の中で地域が抱えるさまざまな課題に触れる機会が増え，その分，そうした活動に関わっていない生徒に比べ，国政や地方自治に対する関心の度合いが高くなるのではないかという意見もある。
⑵いわゆる「主権者教育」のうち，「投票に行かせる」ための教育を「狭義の主権者教育」，それに対して「主権者として身につけておいてほしい情報の収集方法，分析方法，それらをもとに自分の意見を形成し他と討論し，妥協などを行いながら合意，政治に参加する意識や行動力を涵養する」教育を「広義の主権者教育」と呼ぶ（拙著『主権者教育のすすめ』清水書院，2016年，p.20参照）。
⑶105頁に「データから分かる本県の姿」の例を示した。この例のように，人口，農林水産業，経済，輸出入，観光，就職についての資料を教員が作成し，各クラスの生徒に配布する。
⑷県会議員を招く際は，偏りのないように複数の議員を議会事務局を通して人選をしてもらうと良い。プレゼンテーションの対象は，県会議員以外に市町村長なども考えられる。いずれせよ，地域の課題に取り組んでいる方を招きたい。

「理解」を目標とする授業　②政治的主体となる私たち

国家主権，領土（領海，領空を含む。），我が国の安全保障と防衛，国際貢献を含む国際社会における我が国の役割

1　「公共」における「国家主権，領土（領海，領空を含む。）」の扱い方

　学習指導要領「公共」においては，内容Bの政治的主体に関わる学習において，「国家主権」「領土（領海，領空を含む。）」を取り扱うこととなっている。その取扱い方は，「国家主権，領土（領海，領空を含む。）（中略）に関わる現実社会の事柄や課題を基に，よりよい社会は，憲法の下，個人が議論に参加し，意見や利害の対立状況を調整して合意を形成することなどを通して築かれるものであることについて理解すること」とある。つまり，①現実社会の事柄や課題を取り上げて，②各国の意見や利害の対立状況を踏まえつつ，お互いの国がお互いの国の利益のために，合意を形成する，そうすることで国際社会のルール（条約等）が作られていることを理解するように授業を組織する必要がある，ということだ。また，「国家主権」「領土（領海，領空を含む。）」を扱う場合，「国際法」と関連させて取り扱う必要がある。

「現代社会」の教科書記述に見る「国家主権」

　「現代社会」の教科書を散見すると，主権国家について，ウェストファリア条約の締結会議で，「明確な国境で区切られた領域（領土）内に住む国民が，他国に介入されずに支配する権力（主権）を持つこと，他国の領域内容の事柄に干渉しないこと（内政不干渉の原則）を認め合った。このような主権国家から形成されたのが国際社会である」[(1)]と示す記述や「主権国家の間でおたがいの利害の対立を調整し，衝突を回避・緩和しようとする営み，すなわち国際政治によってその秩序は保たれている」[(2)]と言及する教科書もある。また「主権国家は自国の問題について，他の国家に命令されたり，指導

されたりしない。しかし，国家が内戦状態にあって分裂し，領土全域には主
権を及ぼせない場合や，国家の内部で基本的人権が侵害されている場合，別
の国家が非難し，改めさせようとすることもある」[3]と整理する教科書会社
もある。「国家主権」については，歴史的な成立過程や主権国家同士の「対
立の解消」としての外交の役割，主権国家の「限界」と多様な記述になって
いる。

2 「国家主権」「領土（領海，領空を含む。）」の授業化の方向性

　本稿では，「国家主権」「領土（領海，領空を含む。）」をより「深く理解」
するため，「国家主権」「領土（領海，領空を含む。）」の考え方が顕在化する
現代社会の事柄としての「領土問題」を取り上げる。ただし，現実の「領土
問題」を取り上げると，問題が複雑になるので，架空の状況を設定する中で，
その「領土問題」の解決のあり方を検討する。そして，最後に現実の「領土
問題」と照らし合わせる中で，「対立国家間の合意形成の重要性」を確認し
たい。

3 「国家主権」「領土（領海，領空を含む。）」の授業モデル : 架空の領土問題を考える

　本稿では，京都府木津川市立木津中学校の石橋正樹教諭が2017年12月5日
に行った「中学校社会地理的分野」の授業を事例にして，それを「公共」の
ねらいに合致するよう筆者が再構成したものを例示する。

（1）単元目標
　国家間の意見や利害の対立状況を調整して合意を形成することなどを通じ
てよりよい国際社会が築かれるものであることについて，理解する。

（2）単元指導計画

第1時	現実に発生している領土問題に関する知識を確認する。 架空の領土問題の解決策を考える。
第2時	グループで意見を出し合って1つにまとめる。 発表をして意見交流を行う。
第3時	意見交流を受けて最終案を練り上げる。 最終発表をする。
第4時	架空の事例と現実に発生している領土問題を比較する。 現実に発生している領土問題の解決のあり方について考えを深める。

（3）第1時の授業内容

　以下のワークシートを埋めながら，授業を行っていく上での「基礎知識」を確認する（ワークシートの内容の一部は紙幅の関係で省略する）。

基礎知識

「国際司法裁判所」とは何か

（国際連合）の主要機関の一つ。常設の国際司法機関。当事者たる（国家）によって付託された（国家）間の紛争について裁判を行って判決・命令する権限を持つ。国際司法裁判所は付託される紛争を（国際法）に従って裁判することを任務とする。なお，裁判では当該国家の（合意）なしに付託されることを強制されない。

「領土問題」について

（1）領土問題の原因

○石油のような（天然資源）や国境付近にある川，農地，重要建築物

○戦争の結果として占有された地域に存在　他

（2）これまでに解決された領土問題

○北極圏のバレンツ海の分割（2010年条約締結）

　（ロシア）と（ノルウェー）が海底の石油と天然ガスをめぐり対立。

解決方法は，（２国）間で話し合い，（海域を二等分）。

○アムール川とその支流（2004年完全解決）

（ロシア）と（中国）が約4,000キロにわたる国境争いをしていた。

解決方法は，（２国）間で話し合い，国境線の画定。

領土問題は，領土の譲歩により国民の反発を招きやすいが，それを強圧的に押さえ込む力を両国が備えていた。

○アラスカ（1867年完全解決）

（アメリカ合衆国）に対して（ロシア）がアラスカに領土売却を希望した。

現在の価値にして約500億円で購入した。※貨幣価値が違うため200億〜800億円まで諸説有り

解決方法は，（２国）間で話し合った。

ロシアは戦争でお金に困っていた。当時のアラスカには何の価値もないと考えられていた。

架空の領土問題を提示する。

時は21××年。太平洋の真ん中（公海）に突然，島が誕生したことから領土問題が始まった。

太平洋共和国の主張

○本音は島を自国が統一したい。

○農業と漁業が国の主産業だが，海底油田地帯と三角州の工業地帯を手に入れて工業化したい。

○首都が川沿いにあるため，川を国境にすると戦争になったときにすぐに首都が攻撃に遭うため不安である。

パシフィック連邦の主張

○最初の２つは太平洋共和国と一緒。

○川を国境にした方がわかりやすい。

○いつでも相手の領土をとれるように軍隊を配置している。

課題：みなさんは，国際司法裁判所の裁判官です。どのような判決を出します
　　　か？

条件：○畑が1つにつき500万円　○港が1港につき15億円　○三角州の工業地
　　　帯100億円　○海底油田地帯1,000兆円以上　○油田は原油埋蔵量が正確にわか
　　　らないため均等に領土で分割することは困難　○山の資産価値は不明　○島
　　　の周りにある海は漁業資源が豊富である

領土問題解決のポイント：○お互いが譲歩する必要がある　○国際司法裁判
　　　所の判決では均等に境界線を引くことが多い　○同裁判所の判決では全ての
　　　領土を一方の国のものとする事例もある　○陸続きなど国境の引き方によっ
　　　ては，すぐに戦争へ発展する場合もある　○共同管理・共同開発を行うと，
　　　ルールを破られて再び戦争になる場合があるので，管理や開発の仕方に関す
　　　るルールづくりが重要になる

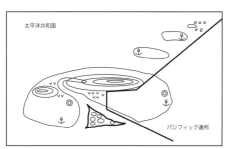

地図1　太平洋共和国が主張する国境線

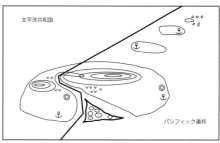

地図2　パシフィック連邦が主張する国境線

　各自がどのような判決を出したのか，どのような判決を出せば，問題が解
決すると考えられるのか，裁判官という第三者の立場で考え，判決の内容と
その理由について考察する。

（4）第2・3時の授業内容

　グループでそれぞれの結論について話し合いを行い，まとまった内容につ
いて，全体で共有する。また，出された意見を踏まえ，修正した案をグルー

プの中で策定し，全体で共有する。その際，「相手国の受入が困難な国境線になっていないか」（公平性），「国境線は誰にでもわかりやすいものになっているのか」（明確性）といった視点から評価を行う。

（5）第4時の授業内容

　現実に発生している領土問題，例えば，北方領土問題を取り上げて，その歴史的経緯（領土問題解決に向けての交渉過程を含む）やロシアにとっての北方領土の意義，解決策として提示されている案（四島返還論，二島譲渡論，共同統治論，面積二等分論他）について提示し，架空の事例の場合と比較する。そして主権国家が相互の利害を調整しつつ，対立を緩和する働きを行っていること，相互の利益のために合意を目指していることについて考察する。

（6）評価について

○「基礎知識」（ワークシート）が理解できているか。（知識及び技能）

○架空の領土問題について，各自が思考，判断した解決案とその理由をワークシートにまとめて表現することができているか。なお，その際，その内容が論理構成上合理的なものであるか。（思考力，判断力，表現力等）

○グループで解決案とその理由を合意形成し，合意形成した内容をまとめて表現することができているか。なお，その際，前述した視点から分析しても合理的で妥当なものであるか。（思考力，判断力，表現力等）

○日本が抱える領土問題について，架空の事例との相違点を踏まえつつ，その解決の困難さや合意形成の重要性について考察しているか。（思考力）

（橋本　康弘）

【注】
(1)池田幸也ほか『高等学校　新現代社会　新訂版』清水書院，2017年，p.168
(2)浅子和美ほか『高等学校　新現代社会』帝国書院，2013年，p.164
(3)河合秀和監修『新現代社会』教育出版，2007年，pp.138-139

「理解」を目標とする授業 ③経済的主体となる私たち
職業選択，雇用と労働問題

1 「公共」における「職業選択，雇用と労働問題」の扱い方

　学習指導要領「公共」においては，内容Bの経済的主体に関わる学習において，「職業選択，雇用と労働問題」を扱うこととなっている。その取扱い方は，「職業選択，雇用と労働問題（中略）などに関わる現実社会の事柄や課題を基に，公正かつ自由な経済活動を行うことを通して資源の効率的な配分が図られること，市場経済システムを機能させたり国民福祉の向上に寄与したりする役割を政府などが担っていること及びより活発な経済活動と個人の尊重を共に成り立たせることが必要であることについて理解すること」とある。その一つの方法として，企業には，市場において公正な経済活動を行い，出資者や従業員，消費者など利害関係者の利益を増進させる役割があること，地域の人々の生活をより豊かにするなど，公共の利益に配慮する社会的責任があることを理解させること。さらに，企業活動や労働に関して政府等がどのような役割を果たしているのかを理解するように授業を組織することが重要である。

2 「職業選択，雇用と労働問題」の授業化の方向性

　本稿では，「職業選択，雇用と労働問題」の中でも特に「職業選択」に絞ることとした。その一つとして，地域（学区）の課題を解決に導こうとするための会社を立ち上げる「起業」を中心に取り上げる。しかし，実際に起業をすることはできないので，①地域（学区）の課題を明らかにし，その課題解決を目指す架空の会社を立ち上げる。②私たちには自由に職業を選択する

ことができる。その一つとして起業があることを学ぶ。③会社を立ち上げた理由や事業成功の根拠などを，他者と協働しながら論理的に構築する。④起業した会社の求人広告を作成する活動を通して，現代の雇用問題と労働問題に関して政府などがどのように関わっているのかについて理解することを目指す。

3 「職業選択，雇用と労働問題」の授業モデル
: 地域の課題解決を目指す会社を企業しよう

（1）単元目標

　地域（学区）の社会的課題を解決に導こうとするために，トゥールミンモデルを参考にした架空の会社を起業する活動等を通して，企業には社会的責任として利害関係者（本単元では特に地域と捉える）の利益を増進させる役割があることと，政府等が雇用と労働問題の解決のためにどのような役割を果たしているのかを理解する。

（2）単元指導計画

第1時	「会社」の必要性と地域（学区）の課題を考える 中学校での既習事項を活用する。身近な地域の課題を考える。
第2時	前時で考えた社会的課題を解決するような会社を起業する 架空の企業を立ち上げ，事業内容等をグループで検討する。
第3時	トゥールミンモデルを参考にして事業内容を論理付けする
第4時	社会的課題を解決するために一番必要な会社に出資する 自グループの企業のプレゼンテーションを行い，出資を募る。
第5時	起業した会社の労働条件を考えて，求人広告を作成する 国等の政策と現代社会の雇用・労働問題を考える。

（3）第1時の授業内容

①最近，自分が買ったもの・今，使っているものやサービスで，これがある

から便利・快適・ユニークで面白いなどと感じたものを1つあげて，その理由と実際にそれを提供している会社名をワークシートに記入する。

②「会社」が生活に豊かさをもたらす新商品やサービスを生産するにはどのようなものが必要かグループで考え，ワークシートに記入する。

③自分（たち）が住んでいる地域（または，学区）の課題は何か考える。

　・事前に地域（学区）の課題は何か考えさせておくと良い。

　★考える視点

　・自分が住んでいる（学区）には課題（例：道端にごみが散乱しているところ）がある。これが解決されると現状より安全で暮らしやすくなる。

　・グループでの起業を見据えて，最終的には合意形成を図る。

　＊生徒の実態に応じて，地域の課題が思い浮かばないようであれば，日本全体的な課題としても良い。

（4）第2・3時の授業内容

①会社を作るために必要なことは何か考える。

　・「中学校社会科公民的分野」での既習事項（株式会社の仕組みと特徴，資金の集め方，企業の社会的責任）を活用する。

　・会社経営の必要経費を考える。
　　固定費（土地や生産設備），変動費（原材料費など），資本金（出資金・金融機関からの借入金など）

②起業してみよう

会社名（例：なんでも1度で消せるスーパースプレー開発株式会社）

ⅰ　事業内容を考える

　　どのようなスプレーで落書きされていても，1回噴射しただけですぐに消すことができて，元の色合いに戻すことができるスプレーを開発・販売する

ⅱ　解決したい社会的課題（背景）を考える

全国的に商店街・空き店舗のシャッターなどに落書きが増えており，地域住民が快適な気持ちで生活できない状況があるなど

・大阪商工会議所等の取り組みを提示しても良い（ホームページからダウンロード可）。

ⅲ　事業成功の理由を考える

・健康被害をできるだけ抑えるため，水系塗料とする。

★できるだけ実現可能性があるような内容にする。

★ⅱとⅲは事実を基にして考える。架空の企業ではあるが，論理的に根拠を示すため，実際の資料やデータを１～３つ提示する。

例（トゥールミンモデルを参考とする）

〔解決したい地域（学区）の課題〕
商店街のシャッターに落書きが多く，通学環境がよくない

〔主張（事業内容）〕
スーパースプレーを製作・販売する会社

〔会社事業成功の根拠〕
・落書きは全国的な課題となっており，簡単に消せる商品が必要
・スプレーの使用者や地域住民の健康と環境に配慮した商品
　（水性塗料を使用）

③模造紙（またはパソコン）に②を記入し，次時のプレゼンテーションの準備をする。

ワークシート例

会社名〔　　　　　　　　　　　　　　　　　　　〕

○私たちが住む地域の課題〔　　　　　　　　　　　　　　　〕

○この課題を解決するために，私たちの会社は

〔　　　　　　　　　　　　　　　〕という商品・サービスを提供します。

◎この会社が成功できる根拠は，

〔　　　　　　　　　　　　　　　　　　　　〕だからです。

○この商品・サービスを提供することによって，私たちの地域は，

〔　　　　　　　　　　　　　　　　　　　　〕のようになります。

（5）第4時の授業内容

①各グループが起業した会社についてプレゼンテーションを行う。

・1グループ5分程度

・プレゼンを聞きながら会社ごとに，事業内容の優れているところや問題
　点をワークシートにメモしていく。

②出資する会社を決める。

・出資する会社を1～2社決める。
　自分がその会社に出資すると決めた理由をワークシートに記入する。

・各自，50万円×2（計100万円）所有しており，出資したい会社に50万
　円（または100万円分）の印をつける。

・シールを用意しておくと良い。

　○出資先の会社を選ぶポイント

・実際の地域・学区の課題解決につながるものであるかどうか。

・事業として成功する見込みがあるかどうか。

・全体的に会社の魅力があるかどうか。

③なぜその会社が地域で一番必要とされている会社なのか考える。

（6）第5時の授業内容

①現在の日本の労働問題にはどのようなことがあるか調べる。

・政府等は労働環境整備のためにどのような施策をしているか調べる。

②求人票（求人広告）を調べることを通して，どの項目が法律と合致しているか把握し，国の政策を理解する。

・求人票（広告）には何が書かれているか把握する。

会社の事業内容・仕事の情報（雇用形態・職種・就業場所・就業時間・賃金）・労働条件（休日・年次有給休暇・福利厚生等）・選考方法

③求人広告を作成する。

実際の求人票（求人広告）を参考にしながら，自分たちのグループが考えた会社の求人広告を作成し，発表する。

・①で調べた労働問題の解決につながるような求人内容であるか，法律等と合致している内容か吟味する。

・自分が将来，就職するにあたって何を重視するか考える。

（7）評価について

○地域（学区）の課題を的確に発見することができているか。（主体的に学習に取り組む態度）（思考力）

○起業した会社の社会的課題と事業成功の根拠として，具体的な資料・データを収集し，的確に解釈できているか。（思考力，判断力）

○協働しながら，起業した会社の事業内容等を，根拠を示しつつ論理的に説明することができているか。（表現力）

○わが国の雇用・労働に関する問題を把握し，その解決のために政府などが果たしている役割を理解しているか。（知識及び技能）

（田村　徳至）

「理解」を目標とする授業 ③経済的主体となる私たち
市場経済の機能と限界

1 「公共」における「市場経済の機能と限界」の扱い方

　学習指導要領「公共」の内容Bの経済的主体に関わる学習においては，「市場経済の機能と限界」を扱うことになっている。その取扱い方は，「現実社会の事柄や課題を基に，公正かつ自由な経済活動を行うことを通して資源の効率的な配分が図られること，市場経済システムを機能させたり国民福祉の向上に寄与したりする役割を政府などが担っていること及びより活発な経済活動と個人の尊重を共に成り立たせることが必要であることについて理解すること。」とある。つまり，①現実社会の事柄や課題を取り上げて，市場メカニズムが機能することによって資源の効率的な配分が可能である点，②同様に現実社会の事柄や課題を取り上げて，市場メカニズムには様々な限界があり，そのために政府が役割を果たしている点を理解させる必要がある。

2 「市場経済の機能と限界」の授業化の方向性

　本稿では，「市場経済の機能と限界」をより深く理解するために，多くの生徒たちにとって切実な問題となる高等教育の授業料について取り上げる。市場の失敗の一つである公共財の供給については，簡単な経済実験を行うことによって，非競合性，非排除性のある公共財は民間企業からは供給されにくく，政府がその役割を果たしていることを理解させる。単元の最後には，大学の授業料をどこまで個人負担や税負担にするかについて，班ごとに立場を決めロールプレイングを行わせ，多面的・多角的に事象を考察できるようにした。

3 「市場経済の機能と限界」の授業モデル
：大学の授業料は誰が負担するべきか

　平成29年2月15日に，自由民主党が教育に使途を限定した「教育国債」を発行し，その財源で高等教育を無償化するべきかを検討し出した。スウェーデンやフランスなどでは，高等教育の無償化が行われており，各国と比べても日本の大学授業料は一般的に高いといわれている。一方で，日本の国債発行残高は世界最高水準であり，将来世代へと使途を限定した場合でも，これ以上の国債発行について懸念する論調も強い。この事象について，公共財や外部性といった経済学の諸概念を活用することで，その意味を深く理解させることとした。

（1）単元目標

　公正かつ自由な経済活動を行うことを通して資源の効率的な配分が図られることや，政府は国民福祉の向上に寄与する役割を担っていることについて，理解する。

（2）単元指導計画

第1時	スーパーのお惣菜やゲームの価格を取り上げ，市場メカニズムが資源の効率的配分に資することを理解する。
第2時	公共財供給ゲームを行い，公共財は自発的には供給されない状況を実感し，政府が公共財を供給することの意味を理解する。
第3時	「大学の授業料を誰が負担するべきか」についてロールプレイングを行い，政府の役割について，多面的・多角的に考察を行う。

（3）第1時の授業内容

　具体的事例を取り上げ，次頁のワークシートを埋めながら基礎知識を確認する。なお，需要と供給の法則については，中学校での既習事項であるため，

学校によっては，需給曲線のシフトを中心に扱うことも考えられる。

・身の回りで価格の変動が起こったものは何か思いつきますか？

大前提：市場（しじょう）とは買い手（　　　需要　　　）と売り手（　　　供給　　　）
　　　　が出会う場。

・**価格機構**

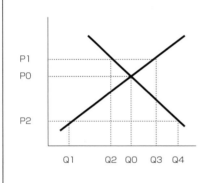

①価格がＰ１のとき，（Ｑ３－Ｑ２）が
　売れ残る。このとき，自然と価格が
　（下落する）。
②価格がＰ２のとき，（Ｑ４－Ｑ１）が
　品不足となる。このとき，自然と価
　格は（上昇する）。
③最終的に価格はＰ０に落ち着く。こ
　の時の価格を（均衡価格）という。
　このように，価格によって需要量と
　供給量が調整され，売れ残りや品不
　足が生じないことを<u>効率的</u>という。

・**市場のメカニズムの前提**
完全競争市場の条件
　Ａ（市場参加者）が無数。Ｂ参入退出が自由。Ｃお互いが完全に情報をもって
いる。Ｄ取引される財が同質。

・**市場の失敗（資源の効率的配分がされない場合）**

①（寡占・独占）　　　例　電気，ガス，スマホなど
②（外部効果）　　　　例　公害，養蜂場と果樹園など
③（公共財）の存在　　例　道路，公園，灯台，消防，警察など
④（情報の非対称性）　例　中古車市場，保険市場，医薬品市場など

（4）第2時の授業内容

　第2時では，公共財供給実験を行い，公共財は自発的には供給されにくいことを理解させ，政府が税を徴収し，公共財を供給することの意味を考えさせる。様々な形式で行うことが可能であるが，本実践では，4人に前に出てきてもらい，以下のルールで行うこととした。

公共財供給ゲームのルール

・一人10,000円を持っているとします。

・35,000円の，みんなにとってとても役に立つ公共財を買います。

・みんなでお金を出し合って公共財を買えた場合には，ボーナスとして4人全員に10,000円が配られます。

・お金を払わずに残った分は自分のものにできます。9,000円払ったら1,000円は自分のものです。

・誰がいくら出したかは最後まで秘密です。

・5ラウンド繰り返します。一番多くのお金を獲得した人が勝者です。

　┌─────┐
　│ 例1 │
　└─────┘
A君が9,000円，B君は10,000円，C君は10,000円，D君は10,000円を出した場合
合計額は39,000円
この場合にはみんなの役に立つモノが買えるので全員に10,000円が渡される。
つまり，このラウンドでのそれぞれの合計額は，
A君は11,000円，B君は10,000円，C君は10,000円，D君は10,000円となる。

　┌─────┐
　│ 例2 │
　└─────┘
A君は5,000円，B君は5,000円，C君は10,000円，D君は10,000円を出した場合
合計額は30,000円
この場合，みんなの役に立つモノが買えないので，このラウンドでのそれぞれの
合計額は，A君は5,000円，B君は5,000円，C君は0円，D君は0円となる。

　このゲームを行うことによって，誰も自発的に自分の資金を出さないようになり，全体として望ましくない状態（囚人のジレンマの状態）が生み出さ

れることを体験させる。ゲームの後に，非競合性や非排除性のある公共財が自発的に供給されない場合には，どうすれば良いかを考えさせ，政府が税を徴収し，公共財を供給することの意味を理解させる。

（5）第3時の授業内容

　第3時では，現実に起こっている大学の授業料の負担の是非について簡略化して取り上げる。議論が拡散しすぎないように選択肢を以下の4つに限定する。

|選択肢|

A　使い道を教育へ限定した「教育国債」を発行できるようにして，大学教育を無償とする。

B　一部の優秀な人に給付型の奨学金（月2万～4万円）を支給し，授業料については現状維持とする。

C　国民に増税をすることによって，大学教育を無償とする。

D　現状のように貸与型奨学金を中心とし，授業料も現状維持とする。

活動の手順

①4つの選択肢のうち，個人で一番良いと思った政策とその理由を班の中で発表する。

②与えられた資料を読み取り，班の中で共有する。

③与えられた立場の場合にはどのような政策が良いかを議論し，班の中での意見をまとめる。

④班ごとに全体に発表する。

⑤一連の話し合いを終えてからの自分の意見をまとめる。

配布する資料

　「各国の平均授業料と公的経済支援との関係」（文部科学省，教育指標の国際比較より）

「国公私立大学の授業料等の推移」（文部科学省ＨＰより）

「18歳人口と高等教育機関への進学率等の推移」（内閣府ＨＰより）

「学歴，性，年齢階級別賃金」（厚生労働省ＨＰより）

それぞれの班の立場

・大学の授業料を気にする高校生 　・自分の子どもが小学生の保護者

・日本の財政を気にする官僚 　　・非正規労働をしている未婚の40代女性

・大学に行く気のない高校生 　　・生まれる前の子ども

・大学の奨学金を現在も返済している未婚の30代男性

・日本の景気を気にする50代独身男性

（6）評価について

○「基礎知識」（ワークシート）を理解することができているか。（知識及び技能）

○公共財供給実験を通して，政府が税を徴収し，公共財を供給することの意味を理解できているか。（知識及び技能）

○大学の授業料をどのように負担するべきかについて，市場の失敗という概念を活用し，与えられた立場に基づいて合理的に判断することができているか。（思考力，判断力，表現力等）

○大学の授業料について，多面的・多角的に考察し，自らの意見を表現することができているか。（思考力，判断力，表現力等）

（大塚　雅之）

「思考力，判断力，表現力」等の育成を目標とする授業
社会保障制度に関わる問題

1 「公共」における「社会保障制度に関わる問題」の扱い方

　学習指導要領「公共」の内容Bの経済的主体に関わる学習においては，「次のような知識及び技能を身に付けること」が求められ，「少子高齢社会における社会保障の充実・安定化」を扱うことになっている。また「次のような思考力，判断力，表現力等を身に付けること」と明記され，「法，政治及び経済などの側面を関連させ，自立した主体として解決が求められる具体的な主題を設定し，合意形成や社会参画を視野に入れながら，その主題の解決に向けて事実を基に協働して考察したり構想したりしたことを，論拠をもって表現すること」とある。つまり，①社会保障に関する現状・課題を把握し，②他者と協働しながら課題解決を図り，③社会参画を促すような授業を構想することが求められている。

2 「思考力，判断力，表現力等を身に付ける」授業化の方向性

　本稿では，「思考力，判断力，表現力等を身に付ける」ため，「社会保障制度」を題材に取り上げる。3時間構成にし，第1時では社会保障制度全般に関して，第2時では生活保護支給問題を題材に，「公正」について，第3時では社会保障制度を通して私たちは"どのような社会にしていきたいのか"を考察させ，社会参画を促す授業構成としている。なお，全ての授業においてグループワーク，ディスカッションを基本とし，協働作業を通して合意形成の力を育むことと，政策提言を通して習得した知識や概念を活用することを目標としている。

3 「社会保障制度に関わる問題」の授業モデル
：生活保護支給の公正問題

（1）単元目標

　自立した主体として解決が求められる具体的な主題を設定し，合意形成や社会参画を視野に入れながら，その主題の解決に向けて事実を基に協働して考察したり構想したりしたことを，論拠をもって表現する。

（2）単元指導計画

第1時	「支え合い」・「幸福」・「安心」の観点から，社会保障制度について理解する。
第2時	生活保護支給問題を通して，ルールを制定する上での「公正」とは何かを考える。
第3時	持続可能な社会保障制度にするための政策提言を行う。

（3）第1時の授業内容

　最初に生徒個人が考える「社会保障」のあり方を考えさせ，右図の中で自らが理想とする位置にシールを貼らせた。教員から，「仮に社会保障費や租税を低負担に抑えた『低負担・高サービスの社会』を選択した場合，福祉のニーズはどこで補うのだろうか？」と発問すると，本授業の展開に深みが出てくる。

●あなたが考える「社会保障」制度とは？

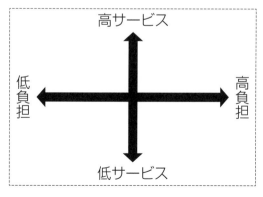

その後，下図のプリントに記してある家計（F），市場（M），政府（G）について説明をする。プリントに書かれている「円」は，日本，アメリカ，スウェーデンの福祉サービスの量を模式的に表したものである。どの国でも，子どもやお年寄りの面倒をみたり，病気を治療したりといったサービスは，何らかの形で確保されており，違うのは，そのニーズをどこで満たしているかという点であることを説明する。その後，自らはどの国の立場に近いかを考えさせ，グループにて議論させ，理由も含めて発表させる。

●「社会保障制度」…それは人々がどんな社会にしたいかを映し出すものである。

> 家計（F），市場（M），政府（G）のどこで福祉のニーズを満たしているのか。国によって大きく違う。

日本，アメリカ，スウェーデンはそれぞれどれ？

 家族（F）依存型・・・

　○国民負担率は低い
　○家庭内で福祉のニーズを満たすため，それを主に担う女性の
　　負担が大きい社会

 政府（G）依存型・・・

　○国民負担率は高い
　○政府が福祉のニーズを満たしてくれるため，福祉サービスを
　　誰もが比較的平等に利用できる社会

 市場（M）依存型・・・

　○国民負担率は低い
　○福祉サービスを市場から購入することになるため，個人の所
　　得に応じて福祉サービスの利用に大きな格差が生まれる社会
　　（高所得者は超豪華なサービスを利用できるが，低所得者は
　　サービスを利用できないこともある）

（4）第2時の授業内容

第2時では，生活保護支給問題を題材に，「公正」とは何かを考えさせ，ルールづくりの過程を考察する。以下，①～③の観点で議論をさせ，ルールを制定する上での「公正」とは何かを考えさせる。

①「生活保護支給額引き下げ」の記事を読み，その問題点を把握する。

②生活保護支給額引き下げについて，⑦賛成・⑦反対の両立場から考察する。

⑦憲法第25条に明記されている生存権を確保するために引き下げは許されない。

⑦財政上の問題もあり，社会情勢に照らし合わせ，引き下げるのはやむを得ない。

③生活保護の支給額は，「最低生活費」を基準に算出されるが，その「最低生活費」はどのように設定するのが望ましいか考察し，「公正」なルールを制定する。

⑦全体の下位○％以下の家庭の平均値を対象とする。

※現状は一般低所得世帯の消費実態との比較で検証されることになっているが，果たしてその実態が適切なのか。

⑦生活に必要な費用を算出し，その額の合計とする。

※生活保護の不正受給問題や生活に必要な費用の定義が曖昧なのに，生活に必要な費用を算出できるのか。

※生活保護費額は，厚生労働大臣が定める基準で計算される最低生活費と収入を比較して，収入が最低生活費に満たない場合に，最低生活費から収入を差し引いた差額が保護費として支給される。

最 低 生 活 費		
年金，児童扶養手当等の収入		支給される保護費

（5）第3時の授業内容

　第3時では，単元のまとめとして「子育てしやすい環境づくり」と「持続可能な社会保障制度とするには？」という課題を与え，社会保障制度についての政策提言を行わせる。

〈例〉

着目点①：「子育てと仕事の両立が難しいから，子どもを産みたくない女性が多いのでは？」

　　　　　「保育所を増やしても保育士が不足していれば意味がない」

　　　　　「保育士資格を持っているのに，保育士として働いていない人が相当数いる」

政策提言①：「待遇が安定している公務員の保育士を増やす」

　　　　　「父親に育休を取得させる制度の拡充を図り，積極的に取り組む企業に国が助成金を出したらどうか」

着目点②：「社会全体の問題なのに，若い世代に負担を強いている」

政策提言②：「高齢者にも負担してもらえる消費税の税率を引き上げ財源を確保し，その一方で，公的年金の受給額を減らし，子育てなどの若者支援の充実に回す」

　授業では「どのような社会が望ましいのか」という観点を取り入れながら政策提言を行うことを主眼に置くが，対象生徒によっては「どのような社会が望ましいのか」という抽象的な思考から，公共の扉で学習した功利主義，リベラリズム，リバタリアリズム，フェミニズム，共同体主義，といった先哲の思想を基に判断させることが可能である。またグループで議論したのちに，個人での振り返りの時間を十分に確保するようにしたい。振り返りの手段としてレポートを書かせたり，発表をさせたりするなどの手法があるが，いずれの場合においても「どのような社会が望ましいのか」，そのために「公正」は実現できているかを評価の観点に入れるとよい。

（6）評価について

○「基礎的・基本的な知識」が習得できているか。（知識及び技能）

○社会保障制度の果たす役割が理解できているか。（知識及び技能）

○生活保護基準引き下げについて多面的・多角的に考察し，批判的に判断することができているか。（思考力，判断力，表現力等）

○生活保護支給問題に関して，「公正」の観点から，ルールづくりの過程を考察することができているか。（思考力，判断力，表現力等）

○社会保障制度に関して，「どのような社会が望ましいのか」の観点から政策提言を行うことができているか。（思考力，判断力，表現力等）

（宮崎三喜男）

「思考力，判断力，表現力」等の育成を目標とする授業
労働に関わる問題

1 「公共」における「労働に関わる問題」の扱い方

　学習指導要領「公共」においては，内容Bにおいて「次のような思考力，判断力，表現力等を身に付けること」が求められ，「アの(ア)から(ウ)（具体的には「法や規範の意義及び役割」「政治参加と公正な世論の形成」「職業選択」など）までの事項について，法，政治及び経済などの側面を関連させ，自立した主体として解決が求められる具体的な主題を設定し，合意形成や社会参画を視野に入れながら，その主題の解決に向けて事実を基に協働して考察したり構想したりしたことを，論拠をもって表現する」力を身につけることとされている。つまり，①具体的な主題を，②論拠をもって表現するような授業を構想することが求められている。

2 「思考力，判断力，表現力等を身に付ける」授業化の方向性

　本稿では，「思考力，判断力，表現力等を身に付ける」ため，「非正規労働者に関わる問題」を取り上げる。高校卒業後すぐにではないにせよ，ほぼ全員が働く以上，「自立した主体として解決が求められる具体的な主題」と考えるからである。また，この主題は資料が多く，それぞれの意見を「事実を基に」考えることができ，さらに事実を「論拠」をもって表現することができることもある。このような力を身につけさせるため，定義を調べたり様々な活動を行ったあと，最終的には課題解決のためのプレゼンテーションを行う。なお，プレゼンテーションの際には，外部から社会保険労務士などを招き審査や講評を行ってもらうと，審査の公平さが保たれたり，生徒のキャリ

ア形成にもつながる。また，主張を考える際には，「トゥールミン図式」(29頁参照) を用いて議論の構造を考えることを身につけさせたい。

③ 「労働に関わる問題」の授業モデル
：非正規労働者に関わる問題

非正規労働者は，平成29年の平均で役員を除く雇用者全体の37.3％を占め，平成6年から現在まで緩やかに増加している。特に大きな問題となっているのは，学校卒業後，すぐに非正規労働者になる若者が多いこと，または，いったん非正規労働者になると正規労働者になりたくてもなれない現状があることである。そのためこの主題は，高校生に「自分のこととして考えさせる」必要があると同時に，「では，どうしたらよいのか？」との課題解決を考えさせる必要がある。資料としては，厚生労働省が「『非正規雇用』の現状と課題[1]」をアップしているので活用したい。

（1）単元目標

非正規労働者の定義や正規労働者との相違点を理解し，非正規労働者の増加が抱える課題や問題点を見つける。その解決策などを事実（根拠）をもって考察・発表し，課題や問題解決のための思考力・判断力・表現力を身につける。

（2）単元指導計画 (授業はコンピュータ室で実施することが望ましい)

第1時	非正規労働者の定義と正規労働者との相違点を理解し，非正規労働者が増加してきた原因を考察する。
第2時	資料から非正規労働者の課題や問題点を見つけ出し，どのような理由から問題となるのか，またその解決策を考察する。
第3時	非正規労働者の課題解決のためのプレゼンテーションの準備を行う。
第4時	各グループごとにプレゼンテーションを行う。

（3）第1時の授業内容

　以下のワークシートを，教科書や資料集，インターネットで調べて埋めながら基礎知識を確認する。

1．「非正規労働者」を定義しなさい。

2．非正規労働者と正規労働者の相違点を一覧表にしなさい。

非正規労働者	正規労働者

3．あなたが高校卒業後，すぐ就職するとしたら非正規労働者と正規労働者のどちらを選択するだろうか，理由とともに考えなさい。

4．1980年代後半以降，非正規労働者が急激に増えていく理由を，「バブル景気」をキーワードに考察しなさい[2]。

5．上記4の回答を4人1グループになって意見交換しなさい。その際，下記の資料を参考にしなさい。

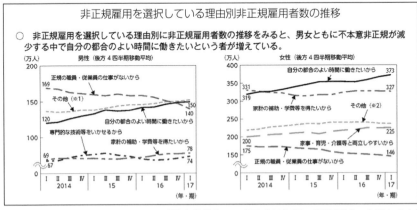

非正規雇用を選択している理由別非正規雇用者数の推移

○　非正規雇用を選択している理由別に非正規雇用者数の推移をみると，男女ともに不本意非正規が減少する中で自分の都合のよい時間に働きたいという者が増えている。

（厚生労働省HP「平成29年版　労働経済の分析」より）

（4）第2時の授業内容

以下のワークシートを完成させる。

1．次のグラフは非正規労働者と正規労働者の推移である。なぜ，非正規労働者が増えてきたのか，下の年表を参考にして考察しなさい。

（厚生労働省 HP「『非正規雇用』の現状と課題」より）

年表：「労働者派遣法」の誕生と主な改正点

1985年	「労働者派遣法」が制定される。当初，専門知識等を必要とする13業務が対象業務となる。 【当初対象となった13業務】 ソフトウエア開発，事務用機器操作，通訳・翻訳・速記，秘書，ファイリング，調査，財務処理，取引文書作成，デモンストレーション，添乗，案内・受付・駐車場管理等，建築物清掃，建築設備運転・点検・整備
1986年	「労働者派遣法」が施行される。施行の1年後，政令で定める3業務（機械設計，放送機器等操作，放送番組等演出）が追加され，16業務となる。
1996年	規制緩和によって，正社員に代替できない専門性の高い業務を中心に，適用対象業務が16業務から26業務へと拡大される。 【追加された業務】 研究開発，事業の実施体制の企画・立案，書籍等の制作・編集，広告デザイン，インテリアコーディネーター，アナウンサー，OAインストラクション，セールスエンジニアの営業，放送番組等における大道具・小道具，テレマーケティングの営業

1999年	適用対象業務が原則自由化される。ただし，建築，港湾運送，警備，医療，物の製造業務は禁止業務とされる。
2003年	物の製造業務への労働者派遣が解禁される。
2006年	医療関連業務の一部で派遣解禁となる。

2．非正規労働者の一番の問題点だと思うものを，次の資料の中から１つ選び，同じ資料を選んだ生徒と４人１グループを作りなさい。

資料１

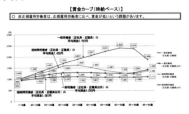

資料２

資料３

資料４

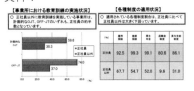

資料５

(厚生労働省HP「『非正規雇用』の現状と課題」より)

3．グループ内で，この資料の①何が問題なのか，②なぜ解決しなくてはならないのか，③解決しなくてはならない理由を支える資料，④どのように解決すべきなのかなどを調べたり考察し，各グループ５分ずつのプレゼンテーションの準備をしなさい[3]。

（5）第3時の授業内容

グループで，プレゼンテーションの準備を行う。

（6）第4時の授業内容

各グループ5分ずつのプレゼンテーションを行う。

（7）評価について

○「基礎知識」（ワークシート）が完成しているか。（知識及び技能）

○非正規労働者が増えていく理由や「労働者派遣法」との関係などをワークシートにまとめて表現することができているか。（思考力，判断力，表現力等）

○非正規労働の課題や問題点を適切に選択し，グループで解決案とその理由を合意形成し，合意形成した内容をまとめて表現する（プレゼンテーションを行う）ことができているか。（思考力，判断力，表現力等）

（藤井　　剛）

【注】

(1) 厚生労働省のホームページ参照のこと。

(2) 「1980年代後半：正規雇用とともにパートタイム雇用が増加　1985年9月のプラザ合意を受けて円高不況となったが，1986年11月を景気の谷として回復してからはバブル景気へ移行した。また，1986年には男女雇用機会均等法，労働者派遣法が施行された。1985年から1990年にかけて，正規雇用が145万人，非正規雇用が226万人増加した。正規雇用は男性が89万人増，女性が56万人増となったのに対し，非正規雇用は男性が48万人増，女性が176万人増となった。1985年，1990年ともに非正規雇用の約8割はパート・アルバイトであった。」（「平成25年版　労働経済の分析」より）このように，バブル景気の中で「いつでも就職できる」と考えた若者が「自由な時間を求めて」非正規労働者になったと考えられる。またバブル崩壊後は，企業のコストカットの影響で正規労働者から非正規労働者へのシフトが行われた。

(3) 「トゥールミン図式」（本書105〜107頁参照）で考察するよう指導する。

「思考力，判断力，表現力」等の育成を目標とする授業
協働の問題

1 「協働の問題」の扱い方と授業事例

　学習指導要領「公共」の「内容の取扱い」(3)カ(イ)に関して，「協働の必要性」「協働の条件」「協働を阻害するもの」についての考察を深めるため，以下の4時で1単元を構成する。

第1時	血清問題　—協働が困難なケース—
第2時	炭鉱落盤事故　—協働のために必要なもの—
第3時	共有地の悲劇　—裏切りは蜜の味—
第4時	地球環境問題　—持続的な協働関係をつくるために—

（1）第1時の授業内容

　協働はトレードオフな関係となることが多く，あっちも大切でこっちも大切だという状況を生じさせる。協働の問題は，協働することが簡単なときや不可能なときではなく，個人の利益と社会（集団）の利益が完全に一致もしなければ完全に対立もしないときに生じる。

　協働が困難なケースの例として，血清の配分問題について考える。個人とグループにおける議論を通じて，配分における価値基準を明確化させていく。幸福などの価値は，個人や他者の価値観から順序付けが可能だが，あらゆる幸福が比較可能とは限らないため，議論が平行線となる場合もあり注意が必要である。価値基準による配分を考えるとともに，トレードオフの関係でない状況では，協働関係が成立しないことを理解させる。

　2人こぎ用の自転車に乗っているAとBが毒蛇に咬まれ，AとBは島の

病院まで30分以内に着かなければ生き残れないとする。そうすれば，2人は必死に自転車をこぐだろう。この場合は，個人と集団の利益は一致しているため協働の問題とはならない。同様に，血清の配分の問題も，個人と集団の利益が一致せず（誰かに血清を投与すれば，投与されない人は生き残れない），分け合うことができないため協働は不可能であり協働の問題は生じない。解決しなければならない協働の問題は，下記のように，個人の利益と社会（集団）の利益が完全に一致もしなければ完全に対立もしない場合である。

　以下のA～Dの4人がある島の森を歩いていた。この4人は毒蛇の生息地に足を踏み入れ，不幸にも4人全員が毒蛇に咬まれてしまった。4人の体内の毒は，致死量を超えており，30分以内に血清を投与しなければ死亡する。4人は，すぐに島の唯一の病院に駆け込んだ。病院にある血清の量は1人分である（1人分しか血清が無いことを4人は知らない）。島から離れた病院に搬送もしくは血清を輸送するには3時間を必要とする。このような場合，どうすれば良いだろうか？また，そうすれば良いと考える根拠は何だろうか？
　　A：40歳男性・会社員・妻及び子供2人の家族がいる
　　B：10歳女性・小学生・Aの子供
　　C：70歳女性・資産家・夫とは死別・子供なし
　　D：19歳男性・フリーター・独身

（2）　第2時の授業内容

　チリの落盤事故をモデルとして，協働の必要性や協働を可能とする条件について考える。一人ひとりの個性を活かすことと協働することが相反するものではないことを理解させるとともに，協働を可能とする条件である秩序づくりや，個人への配慮，公正な配分の基準となる「必要性」「能力」「功績」などの概念についての理解を深めさせる。

　協働の必要性は，個人を起点とする社会のあり方を前提としている。誰もが幸福な人生を生きようとする中で，ひとりよりもみんなで協働する方が，より幸福になれる可能性があるからだという考え方に基づき，人は社会や国家を形成したと考える。協働により，ひとりでは困難なことが社会（集団）

では可能になる。交換や分業はその代表的なものである。個人を起点とする社会や国家のあり方を考え，個人や社会の幸福を考えていけば，個人や社会にとってどのような協働が公正であり，公正ではないのか，その基準が何であるのかを考察することになり，協働の必要性についての理解を深めることができる。社会は，様々な協働関係で成り立っており多くの利益を生み出している。協働により生じた利益は，その責任や功績に応じた配分が行われる。誰かが協働の利益を独占したり，責任を放棄している人が利益を得たりすることがあれば，協働関係を維持できない。協働による利益は，公正に配分されなければならず，公正な配分の仕組みが必要である。そのために２つのことが重要となる。１つめは，秩序である。みんなが秩序を守る，相手がどのような行動をとるか予測できる，だから協働できるのである。２つめは，信頼である。相互の信頼を前提とすれば協働関係を構築しやすく，一度限りではない継続的な協働の可能性を高めることもできる。ただし，秩序と信頼だけを前提とすれば全ての協働がうまくいくわけではなく，個人や集団の価値観や能力，社会における立場などをじゅうぶんに配慮する必要がある。

　授業では，１週間を生きのびるために，どのような役割が必要かを考え，それぞれの個性や特性に応じた役割を考える。その上で，「必要性」「能力」「功績」に応じた食料の配分について考えていく。食料についても，配分されたものを個人で管理するのか，集団で管理するのか。個人で管理するとすれば個人は配分された食料を計画的に摂取しなければ不足が生じ，新たな問題となる。集団で管理するとなれば役割が新たに必要となり，誰がどのように管理し個人に配付していくのかも問題となる。このように，どのように秩序を維持し信頼を構築し協働していくかを考える中で，協働の必要性や条件についての理解を深めさせる。

　ある鉱山で鉱物を採掘中，地下460m地点で落盤事故が発生した。事故の発生当時，坑道出口付近の作業グループは速やかに脱出できたが，坑道の奥で作業していた5人は，地下700mの坑内に閉じ込められてしまった。地下700mの坑内では，かろうじて通気口は埋まっておらず，空気は供給されている状況である。

5人は，通気口からの脱出を考えたが，通気口にはステップが無く脱出は不可能
である。また，救助については，1週間で救出のめどがつきそうである。また，
残された食料は以下の通りである。

残された食料（約1週間分）	1人の1日分最低量※
マグロの缶詰（75g）　10個	10個
カンパン1kg　10缶	200g
板チョコレート　8個	1個
水30ℓタンク　3個	2ℓ

※1日分の最低量を，同じ食品でとった場合の数を示している

（3）第3時の授業内容

　協働した方が良いとわかっているけれども，協働することが難しくなるこ
とがある。協働が阻害される要因の一つは，他者への不信である。お互いへ
の不信感から相手に裏切られる前に先に相手を裏切り，自己の利益を最大化
するために協働しないことが，最も合理的な選択となってしまうことがある
（「囚人のジレンマ」）。よって，相互不信や裏切りを前提としない法やルール
などの仕組みづくりが必要となる。もう一つは，公共財におけるフリーライ
ダー（ただ乗り）である。公共財の供給や維持には，原資や維持のための負
担が必要である。しかしながら公共財の原資や維持のための負担は，負担者
と受益者が必ずしも一致しないという問題がある。そのため，公共財を利用
はするが負担はしないという者がいると，誰もが負担や責任を果たそうとし
なくなり公共財を維持できず，結果的に誰もが使えないものになってしまう。
　授業では「公共財ゲーム」「共有地の悲劇」の題材を通じ，協働を阻害す
る要因について考える。エルンスト・フェールとシモン・ゲヒターの「公共
財ゲーム」は，多人数版の「囚人のジレンマ」である。

公共財ゲーム
　参加者が全員，ゲームの最初に一定の額のお金を受け取る。参加者はラウンド
ごとに共同資金として一定額を出資し，出資された共同資金は，共同資金管理者
によって数倍に増やされ，参加者に均等に分配される。

「公共財ゲーム」において最大の利益を生むのは，参加者全員が分配され
た資金を全てのラウンドで出資する場合である。参加者全員が全額を全ての
ラウンドで出資するためには，参加者全員が出資するという信頼に基づかな
ければならない。信頼が醸成されなければ，非常に少額な出資しかしなかっ
た者（ただ乗り者）が出て，多くを出資した出資者が損をすることになる。
そうすることで，協働の関係は維持が困難となり，最終的には誰もが出資し
なくなってしまう。

　次に，環境学者のガレット＝ハーディンが1968年に発表した論文「コモン
ズの悲劇」を参考とした。「共有地の悲劇」では，共有地において５家族で
計100頭の羊を飼っており，１頭あたりの収益は5,000円，今後，１頭増加す
るごとに１頭あたり100円の減収となることとする。それぞれの家族が羊を
増やしていけば，個人の利益は増大するものの全体の利益は減少することに
なる。

共有地の悲劇

　羊飼いを生業とする集団が共同の牧草地を所有しており，共有地には多くの羊
を飼育できる広さがあるが，共有地は無限ではない。どの羊飼いも，自らの頭数
を増やすことを考え，増やした分の羊を市場で売れば，他の羊飼いよりも裕福に
なることができると考えている。共有地は，羊飼い全体で共同管理しているため，
羊を増やすことで自分の懐が痛むわけではない。少ない出費で，多くの利益を得
ることができる。従って，羊飼いは共有地の使用限界が来ない限り，最大の利益
を得ることが可能である。もし，合理的な羊飼いであればどうするだろうか。

　これは，減少している全体の損失の一部を，羊を増やした羊飼いが得てい
るという構図である。羊の頭数を増やし続けることには限界があり，単純に
頭数を増やしていけば，牧草地の草が尽き羊が生きていけなくなる状況とな
り悲劇が生じる。一人が羊の頭数を増やせば，周囲の羊飼いは自らの利益を
他の羊飼いに奪われ，利益が減少することを恐れるあまり，羊の頭数を増や
し続けてしまう。頭数を増やすという，一見合理的な判断が，集団としての
利益を損ない相互不信を生じさせる。

これら「公共財ゲーム」「共有地の悲劇」において，協働を阻害する要因が不信やただ乗りにあることに気づかせ，同様の構造をもつ現実社会の諸課題について考察させることで理解を深めさせることができる。

（4）第4時の授業内容

> **ＣＯＰ21における各国の主張**
> ・気温上昇を２℃ではなく1.5℃未満にすべきだ（フィリピン・太平洋の島国など）
> ・先進国と発展途上国で排出削減目標や途上国支援の差をつくるべきではない（日本）
> ・発展の度合いにより，発展途上国にも厳しい削減目標を課すべきだ（ブラジル）
> ・先進国に限らず，途上国にも支援を行うべきだ（ＥＵ）
> ・先進国と発展途上国では，取り組みに差をつけるべきだ（中国・インド）
> ・削減目標の達成を検証する仕組みをつくるべきだ（米国）

　授業では，気候変動枠組条約締約国会議（以下ＣＯＰ）の議論の経過を踏まえ，京都議定書とパリ協定の議論を題材とする。特定の国にのみ排出量の削減を割り当てるのは困難であること，締約国が自主的に排出削減目標を設定する方法はでは長期目標を達成する十分な方法にはならないことを，これまでのＣＯＰ会議の資料から読み取り，どのような合意が可能であるか議論し意見をまとめる。また，なぜ環境問題が議論になるのかを世代間の責任（現代世代の責任，過去世代の責任，未来世代への責任）から考えさせる。授業の最後には，実際のパリ協定の合意内容を示し，理解の一助とする。

2　評価について

○第１～４時の概念知識が理解できているか。（知識及び技能）
○自らの意見，他者の意見を踏まえた意見をまとめたものについて，意見の根拠として既習概念や知識を用いることができているか。（思考力，判断力，表現力等）

（野畑　　毅）

3　持続可能な社会づくりの主体となる私たち

地域の創造の視点からの授業
防災・減災のための地域コミュニティづくり

1 「公共」における 「地域の創造」の視点からの授業づくり

　学習指導要領「公共」では内容Cで「持続可能な社会づくりの主体となる私たち」を扱うことになっている。その扱い方は，「持続可能な地域（中略）づくりに向けた役割を担う，公共の精神をもった自立した主体となることに向けて，幸福，正義，公正などに着目して，現代の諸課題を探究する活動」を通して，「地域の創造」へ「主体的に参画し，共に生きる社会を築くという観点から課題を見いだし，その課題の解決に向けて事実を基に協働して考察，構想し，妥当性や効果，実現可能性などを指標にして，論拠を基に自分の考えを説明，論述すること。」とある。つまり，第一に地域社会における課題を取り上げて，生徒たちが地域社会の課題解決に主体的に参画していく方向での授業づくりが必要であること。第二に地域課題の解決に向けて，協働的な学びが展開されること，解決にあたって妥当性や効果，実現可能性などを指標にして論拠を説明できるようにすることが求められる。

2 「防災・減災のための地域コミュニティづくり」の 視点からの授業化の方向性

　本稿では「地域課題」として「防災・減災のための地域コミュニティづくり」について取り上げる。自分事として地域社会を形成していく主体を形成していくための取り組みである。

　以下の授業事例は実際に災害に強い「まち」づくり，安心して生活できる「まち」づくりのために地域の高校生として何ができるのかについて，生徒

と地域住民と行政との協働により取り組んだものであるが，現実に取り組んだことを基に「公共」の扱い方を意識して作り直した。

3 「防災・減災のための地域コミュニティづくり」の視点からの授業モデル

（1）単元目標

　災害時の備えについての現状を分析し，地域防災のために何ができるのか，今後何をするべきなのかを考え，災害に強い「まち」づくり，安心して生活できる「まち」づくりのために高校生が地域住民として主体的に地域社会に参画していく。

（2）単元指導計画

第1時	学校がある地域はどういう自然災害に弱いのか（ハザード）を知る。「自助（個人）」「互助（家族，近所の住民）・共助（住民，ＮＰＯ，事業者）」「公助（政府，自治体）」の取り組みについて考える。阪神・淡路大震災や東日本大震災の教訓（「互助・共助」の大切さ）と地域社会の現状を理解する。
第2時	「自助」「互助・共助」「公助」の範囲が妥当（公正）であるのかどうか考える。
第3時	生徒たちが地域社会において何ができるのか，できることを話し合う。
第4時	第3時で出てきた案を全体討論し，3つにしぼり，各自がやりたいことごとに集まり班を作成し，役割を分担し企画を進めていく。
第5時・第6時	地域社会に出て，企画を実行する。

（3）第1時の授業内容

①行政が作成しているハザードマップを見て，学校のある地域はどういう自然災害に弱いのか（ハザード）を知る。

②行政が作成している避難マップを見て，災害が起こった場合の避難場所・避難経路（一時避難所，指定避難所，福祉避難所など）について確認する。

③災害に対して，自分（家族）が行っている「自助」の対策をあげるとともに，自分では対応できない場合の「互助・共助」「公助」の取り組みについて，どういうものがあるのかを各自あげていく。

④阪神・淡路大震災や東日本大震災の教訓（「互助・共助」の大切さ）と地域社会の現状を理解する。

＊資料として，「阪神・淡路大震災における救助の主体と救出数」（平成26年「防衛白書」）や，学校がある地域の高齢者人口の増大や自治会の参加人数の減少で地域の行事が成り立たなくなっている現状を示す。

⑤「公助」（行政の取り組み）について調べてくるように伝える。

＊行政のＨＰ上の「地域防災計画」で大枠の内容がわかる。詳細は災害対策の部署に連絡する。防災関連予算額，防災事業の具体例を知ることができる。

（4）第2時の授業内容

①グループで個々の意見を交流し，「自助」「互助・共助」「公助」の範囲が妥当（公正）であるのかどうか考える。その際，「公助」（行政）の取り組みについて調べてきたことを班で交流する。

＊尼崎市の場合　【防災関連予算として実施している具体的な事業内容】

防災関係	防災会議及び国民保護協議会の開催，地域防災計画の作成，防災訓練の実施や備蓄など
情報通信	屋外拡声器や戸別受信機などの防災行政無線の整備・維持管理等
地域防災力	地域における防災マップの作成，防災リーダーの育成，防災意識啓発セミナー，災害時要援護者支援連絡会等
水防システム	降雨量や水位等の情報の収集するシステムの整備，維持管理
水防資材	水防活動に必要な資材等の整備・維持管理

直接的な防災対策ではないが，道路の拡幅や公園の整備，施設の耐震化など間接的に防災に役立っている。東日本大震災以前と比較して，防災関連予算は約3〜5倍に増加。

*自助・共助の取り組みへの支援（前頁表の「地域防災力」）

・地域の防災訓練支援や地域の防災マップ作成支援など，地域の防災の取り組みへの支援を通年で実施（地域の防災訓練への支援：20数回／年，地域の防災マップ作成支援：6〜9地区／年）
・防災に関する出前講座（東日本大震災以降は毎年約50〜70件）
・防災セミナーの開催（事業所向け，家庭向け，子ども向け）
・兵庫県が実施する「ひょうご防災リーダー講座」の受講者に対する経費助成を実施（年10名程度）

*グループで出た意見のクラスでの交流

教　　員：前回の第1時で，各自「自助」「互助・共助」「公助」の内容をあげてもらい，本時では各自があげた内容について交流をしました。また，行政が行っている事業について報告をしてもらいました。「自助」「互助・共助」「公助」の範囲が妥当（公正）といえるでしょうか。これは「公助」（行政）が行うべきだとか，これは「自助」でやるべきであるとか，これは「共助」の役割だとかをあげてみてください。

A　　君：「共同溝」（電気，電話，水道，ガスなどのライフラインをまとめて道路の地下に埋設するための設備）の取り組みを行政はもっと進めてほしい。この近辺は電信柱だらけで，巨大地震が起これば，電信柱が倒れて逃げることさえできなくなる恐れがあるからです。

Bさん：でも財政的に困難ではないですか。

教　　員：ライフラインの防災面からも大きな期待が寄せられているのは事実ですが，学校近隣の小さな道路全てとなると財政面だけではなく，様々な問題があり，今後の課題だね。……

C　君：高齢者が増える一方，地域のコミュニティ（助け合いの機能）が弱
　　　まっている。災害が起これば，高齢者や障がい者など逃げることができな
　　　いのではないですか。

教　員：災害時に配慮が必要な高齢者や障がい者などの避難所である「福祉
　　　避難所」の指定を行政に義務付けられたり，平常時から，避難時に支援が
　　　必要な高齢者や障がい者の情報を警察，消防，民生児童委員，社会福祉協
　　　議会（自主防災組織・自治会）等に提供し，災害時の避難支援などに活用
　　　する取組を行政は行っていますが，まだまだ進んでいません。

Dさん：もっと行政が進んで行わないと，災害が起これば高齢者や障がい者
　　　が犠牲になるのではないでしょうか。

E　君：でも行政だけでは限界がありますよ。公務員の大幅増員が必要にな
　　　りますよ。そんなの無理ですよ。……

教　員：地域の防災訓練支援や地域の防災マップ作成支援，防災訓練を行政
　　　が行っているとありますが，みんなは防災訓練への参加や防災マップ作成
　　　に関わったことはありますか。行政が支援しても，個々の住民がその気に
　　　ならないとどうにもならないのではないでしょうか。……

（5）第3・4時の授業内容

　第1時，第2時を受けて，生徒が地域社会において何ができるのか，でき
ることを話し合う。班ごとに出てきた内容を吟味し，実現可能性を含め，班
でできること，やろうと思うことを1つにしぼる。出てきた案を全体討論し
て3つにしぼり，各自がやりたいことごとに集まり，班を作成する。

＊3つの企画

　①福祉避難所の機能強化に取り組む。

　②ＧＩＳ機能（地理的情報システム）を利用し，地域住民向けのカスタマ
　　イズ防災マップを作成する。

　③地域の小学生に防災・減災の知識をエプロンシアターを通して伝える。
　　担架や三角巾の使い方を伝える。

（6）第5・6時の授業内容

　役割を分担し企画を進めていく。地域社会に出て，企画を実行する。その際，行政の職員や大学の先生，地域住民の協力と協働で行うことを追究する。

・福祉避難所を訪問し，福祉避難所に名乗りをあげた理由，困っていること，高校生に期待することなどインタビューを行う。災害時に福祉避難所にボランティアに来てほしいという施設側の思いを知り，行政に対して，障がい者や認知症の高齢者や難病の方などとの関わり方・支援方法の講座を開いてほしいという意見が生徒の中から出てきた。市役所の福祉課に要望することができた。また，福祉避難所の指定を受けている施設においても，受け入れの準備がされていない現状を聞き，行政の支援の必要性を生徒は感じ，行政に働きかけるとともに，施設への機能の強化を図るためにイベントを実施するに至った。

・高齢者介護施設「福祉避難所」の避難訓練に参加し，災害が起こったときの課題を確認する。

・ＧＩＳ機能を使用し，地図上に指定避難所，福祉避難所の位置情報，地区ごとの災害時に支援の必要な人数を入力し，福祉避難所の指定場所が少ない地区を浮かび上がらせる。市の福祉課と協力し，各施設に福祉避難所への協力を呼びかけていく。

（7）評価について

○「基礎知識」（ワークシート）が理解できているか。（知識及び技能）

○「自助」「互助・共助」「公助」の範囲が妥当（公正）であるのかどうかを考えることができ，表現できているか。（思考力，判断力，表現力等）

○地域社会において何ができるのか，できることを考え，意見を交流することができているか。（思考力，判断力，表現力等）

○班ごとに協働し，企画・立案を行い，地域社会に出て，地域社会の課題を主体的に解決しようとしているか。（主体的に学習に取り組む態度）（思考力，判断力）

（福田　秀志）

よりよい国家・社会の構築の視点からの授業
少子高齢社会における社会保障の充実・安定化

1 「公共」における 「よりよい国家・社会の構築」の視点からの授業づくり

　学習指導要領「公共」の内容Cでは，「幸福，正義，公正などに着目して，現代の諸課題を探究する活動」を通して，「よりよい国家・社会の構築」へ「主体的に参画し，共に生きる社会を築くという観点から課題を見いだし，その課題の解決に向けて事実を基に協働して考察，構想し，妥当性や効果，実現可能性などを指標にして，論拠を基に自分の考えを説明，論述すること」が求められている。このためには，まず「どのような課題」があるのかを把握する力の育成が必要である。

　次に，その「解決に向けて」構想できることを，「事実を基に」「協働して考察」する活動を行っていくことが求められる。

2 「少子高齢社会における社会保障の充実・安定化」の 視点からの授業化の方向性

　本稿では「現代の諸課題」として，日本の喫緊の課題としてみなされている「少子高齢社会における社会保障の充実・安定化」をとりあげる。少子高齢社会についての学習の場合，「高齢者を大切にしよう」「子どもをたくさん産もう（育てよう）」などのスローガン的な授業になりがちであるが，まず「事実を基に」「課題を見出す力」を育成したい。そして，社会保障関係費が今や歳出の1/3を占め高齢化に伴い一層の歳出増が懸念されること，赤字国債の発行と累積債務が巨額であることを具体的な社会保障制度の課題としたい。その上で年金制度の現状を知り，その特性を理解した上で，どのような制度がより「幸福，正義，公正」にかなうものであるのか，「協働して考

察，構想」する。その際，「内容の取扱い」に述べられている「社会的な見方・考え方を総合的に働かせ」，内容AやBの成果を活かして，「妥当性や効果，実現可能性などを指標にして，論拠を基に自分の考えを説明，論述する」とともに，「自立」「協働」「多様性」なども視野に入れて探究できるように指導していきたい。

3 「少子高齢社会における社会保障の充実・安定化」の視点からの授業モデル：年金制度や老後の生活保障のあり方

（1）単元目標

　現在の年金制度の特性を理解した上で，老後の生活のための費用は，誰がどのように負担することが望ましいのか考え，国民主権を担う公民として，適切に選択・判断する能力を養う。

（2）単元指導計画

第1時	社会保障の根拠となる生存権への理解を深めるとともに，保障は社会全体で備えた方が合理的であること，社会的・経済的弱者を支援することは社会全体にとっても望ましいことを理解する。
第2時	日本の社会保障の概要を理解する。
第3時	日本の年金制度の概要を理解する。日本は，どちらかというと社会保険方式に近いことを知る。
第4時	望ましい年金制度や老後の生活保障のあり方について，社会的な見方・考え方を用いて考え，意見を交わす。

（3）第1時の授業内容

①社会保障制度は，憲法25条の「健康で文化的な最低限度の生活を営む権利」に基づき整えられている。生存権の理念は中学校で既習であるので，この理念をまず新科目「公共」では，社会的な「見方・考え方」から捉えてみたい。具体的には「見方・考え方」の軸である「幸福・正義・公正」や，内容A

にあげられる，「地域社会などの様々な集団の一員」「個人として相互に尊重されるべき存在」「個人や社会全体の幸福」「公正などの義務」「協働の利益と社会の安定性」「人間の尊厳と平等」などの視点から考えることもできると提示する（第4時に考察をする準備として意識させるのみで良い）。

②いつ誰に訪れるかわからないリスクに対して社会全体で備える合理性を理解させる。社会保障には，社会保険・公的扶助という金銭支援の面と，主にサービスを供給する社会福祉・公衆衛生という側面がある。内容Bの「財政及び租税の役割」と関連させ，高齢者の所得保障である年金のために約11兆円歳出されていることを確認する。

（4）第2時の授業内容

前時より続いて，社会保障の内容として，社会保険・公的扶助・社会福祉・公衆衛生の特色と内容について理解を深める。その際，生活保護の給付金額，社会福祉の内容等について，社会的な見方・考え方を活用して考えさせる場面を取り入れるようにする。また，「雇用と労働問題」で学習した雇用や賃金の仕組みの変化などとも関連付けながら思考させる。

（5）第3時の授業内容

年金制度について，どのような制度が「幸福・正義・公正」にかなうものであるか，図を用いて理解を深める。

①まず，日本の年金制度が，20歳〜60歳まで保険料を支払い，65歳から受け取るものであることを理解する。そして何歳まで受け取れるかは，男女の平均寿命より約85歳とみなして構わないこと，つまり，40年払いの20年受け取りの制度とみなして良いことを理解する（利息は考えない）。

②上記の①を図示する。この時，もし月々1.5万円を40年間支払い続けた場合，20年間で受け取る場合は，月に3万円となることを理解する（図A）。

③日本の国民年金制度は，約1.5万円の支払い，約6万円の受け取りであることを説明し，図示する（図B）。

④増えた３万円は，税金を受け取っていることであることを理解する。

⑤国民年金制度は，全員が同じ金額の保険料を支払い，受け取る金額も同額の制度である。これについて，消費税の逆進性や定額の税（かつての人頭税など）を例に出して，正義・公正の視点から評価させる。

⑥次に，高い所得の人は高い保険料を払い多く受け取る制度について考察を行う。２倍の保険料を支払い，受け取る金額が２倍となる場合を図示し，この制度が，「幸福・正義・公正」の視点からどのように評価されるか，意見を出す（図C）。

⑦イギリス等，税方式で年金を月額３万円受け取る制度を図示させる（図D）。

⑧日本の制度は，国民年金の人（図B）と，所得に応じて保険料を支払う厚生年金（図Bと図Cの人が混在）の場合があることを理解する。

⑨年金制度の原点である老後の所得保障について，そもそも定年制度や引退などの「予測できる危機」に備えるのは，誰の責任で行うべきなのかを問いかけ，「長生きのリスク」という言葉を紹介する。

⑩次時に行う活動を予告する。

A

B

C

D

（6）第４時の授業内容

「公共」の目標である，「現代の諸課題を」「捉え考察し」「解決に向けて」「選択・判断」できる生徒の育成を目指し，第４時では「概念や理論」，「考え方」や「公共的な空間における基本的原理」を活用して，「多面的・多角的に

考察」する場面を設定する。これは，主権者として政策判断ができ生徒を育成することにつながっている。具体的には，次のような活動が考えられる。

①第1時の①で行った，社会的な見方・考え方を用いて，それぞれの制度について評価を行う。「公正」「幸福」など特定の視点を教師が指定しても良いし，班ごとに異なる視点を割り振って発表させても良い。中学校で学んだ「効率」の視点では，図Dの税方式の全員一律の基礎年金方式は，保険料徴収・計算コストが不要（社会保険庁の正規職員約1万人と非常勤職員が不要）というメリットにも気づかせたい。

　生徒が意見を述べる場合，予め視点を限定しても良いが，出された意見の視点を教師が確認する方法もある。「年金額は多い方が嬉しい←それは幸福の視点から？」「年金は強制貯蓄の面があるから，個人の意思に任せる側面を増やして最低限度で良いのでは？」「若い頃は所得が低いので保険料は安くし，中高年になると高くするのはどうか←それは年功賃金を前提としているのかな？」「年金だけで生活することを考えずに65歳を過ぎても働くことを前提にしたらどうか←高齢者が働く社会と働かなくて良い社会とどちらが幸せなのだろう？」「高齢者がいつまでも働くと若い人が就職しにくくなるのでは？」「アルバイトをしやすくすれば良いのではないか」等の意見を出し合いながら議論することができる。「高所得者に低所得者より多くの税金を回すのは公正の面で問題ではないか」「人間の尊厳の側面から見て，一定以上の年金額が望ましいのでは？」「それは生活保護で行うべきではないか」等である。

②①の活動を踏まえて，自分は，どのような年金制度が望ましいと考えるか，望ましい制度を前時の図A～Dより選ぶ。生徒の状況によっては，図E・Fのように自身で新たな制度を考えさせてもよい。

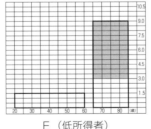

E（低所得者）

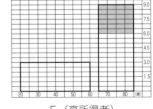

F（高所得者）

③選挙が近い場合には,
各党の公約を比較し
ながら, この公約は,
年金の負担と給付に
対して, どの部分を
どのように改善しよ

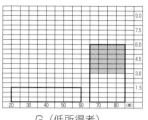
G（低所得者）

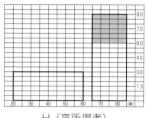
H（高所得者）

うとしているのか, 財政にはどのような影響を及ぼすものであるかを, 図
を用いて説明し, その公約について自分（自分たちの班）の判断を説明す
るとともに, 他者との議論を行う活動を行うこともできる。

各党の年金制度に対する公約 (一部抜粋, 2018/4/1現在)	
自民党	就労と年金受給の選択の多様化等を進める　ほか
希望の党	ベーシックインカム導入
日本のこころ	高所得者, 高資産家等への年金, 医療費の負担の適正化
幸福実現党	公的年金の支給開始年齢を75歳に段階的に引き上げる　ほか
新党大地	基礎年金部分の全額税負担
立憲民主党	持続可能で暮らしを下支えする, 国民に信頼される年金制度

（「政くらべ」ＨＰ（https://say-kurabe.jp/election2017/social_security）より一部改）

（7）評価について

○年金制度の負担と給付について, 図示することができているか。（技能）

○生存権の理念について, 社会的な見方・考え方を用いて考察することがで
きているか。（思考力, 表現力）

○高齢者の生活保障について, 社会的な見方・考え方を用い, 論拠を基に自
分の考えを説明・論述することができているか。（思考力, 判断力, 表現
力等）

○他者の意見も踏まえ, よりよいあり方を追究しようとしているか。（主体
的に学習に取り組む態度）

（升野　伸子）

平和で安定した国際社会の形成へ主体的に参画し，共に生きる社会を築く視点からの授業
パーム油問題

1 「公共」における 「国際社会への主体的参画」の視点からの授業づくり

　「国際社会への主体的参画」という内容は，「公共」学習のまとめである内容C「持続可能な社会づくりの主体となる私たち」に位置付いている。そのため，次の３点に留意して授業をつくる必要がある。一つ目は内容AやBで学習した課題への関心がさらに高まるようにすること（課題への関心）。二つ目は内容AやBで身につけた見方・考え方を活用すること（見方・考え方の活用）。三つ目は他者と協働して社会に参画するイメージがもてるようにすること（協働による社会参画）。これら３点に留意することによって，「公共」のまとめにふさわしい授業をつくるようにしたい。

2 「パーム油問題」の視点からの授業化の方向性

　本稿では，内容Bで扱った「経済のグローバル化と相互依存関係」の学習をより深化させるために，パーム油問題を題材に取り上げ授業を開発する。パーム油問題とは，先進国・途上国の別を問わず，世界各国でパーム油が消費されることによって，パーム油を主に生産している熱帯地域の森林が減少したり，生物多様性が喪失したりしている地球環境問題である。パーム油は，生徒にとって身近な食品，例えばポテトチップスやチョコレート，カップ麺などに広く使用されているため，この問題を取り上げることによって，世界的な相互依存関係の深さを実感させたり（課題への関心），囚人のジレンマを活用して問題をめぐる社会状況を分析させたり（見方・考え方の活用），その問題の解決に向けて他者と協働してできることがたくさんあることを再

認識させたり（協働による社会参画）することができると考える。

3 「パーム油問題」の視点からの授業事例

（1）単元目標
　地球環境問題の一つであるパーム油問題の現状や背景，その問題の解決に向けた取り組みについて当事者的に理解し，問題解決への意欲を高める。

（2）単元計画

第1時	「ボルネオ島で起きていることを考える」 写真絵本を手がかりにパーム油問題を実感する。
第2時	「身の回りのパーム油製品から考える」 計算問題を手がかりにパーム油問題を実感する。
第3時	「パーム油問題の背景について考える」 既習事項を手がかりに国内外の条件を追究する。
第4時	「パーム油問題の対策について考える」 囚人のジレンマを手がかりに変化を創り始める。

（3）第1時の授業内容
①ボルネオ島の位置を地図帳で確認し，横塚眞己人さんの『ゾウの森とポテトチップス』（そうえん社，2012年）という写真絵本を範読する。
②写真絵本の印象に残った場面とその場面を選んだ理由を各自で考えさせ発表させる。→「キナバタンガン川の上空写真」「ボルネオ島に生息する多種多様な生き物の写真」「身の回りの様々なパーム油製品の写真」「灯油で火傷を負ったゾウの背中の写真」という4つの写真を必ず取り上げ提示することによって，私たちがパーム油製品を使用することでボルネオ島の熱帯雨林が減少し，様々な生物の住み処が失われていることを把握させる。
③「危ない油」（プランテーション・ウォッチ「責任ある原料調達を目指す」

http://plantation-watch.org/）を手がかりにして，パーム油の生産をめぐってどのようなことが起きているか調べさせる。→パーム油の生産によって，［1］熱帯雨林の減少，［2］生物多様性の喪失，［3］熱帯泥炭地の開発に伴う温室効果ガスの排出，［4］地域住民との土地紛争，［5］低賃金労働や児童労働に関する問題の発生，［6］土地開発の認可をめぐる汚職事件，という6つの問題が生じていることを把握させる。

④写真絵本は，［1］～［6］いずれの問題と関わりが深いか考えさせ発表させる。→［1］［2］の問題と関わりが深いことを確認するとともに，パーム油の生産によって［1］［2］だけでなく，［3］～［6］の問題が生じていることをパーム油問題と呼ぶことを理解させる。

（4）第2時の授業内容

⓪パーム油製品を探して持参するという宿題を第1時の終了時に課しておく。

①ポテトチップスの原材料表示を手がかりにして，身の回りのパーム油製品を持参することが難しい理由を考えさせる。→加工食品の場合，「植物油脂」と表記すれば済む食品表示法の現状を伝えるとともに，パーム油の8割が食用加工品，2割が非食用加工品（例えば洗剤や化粧品など）に使用され，「見えない油」として私たちの身の回りで利用されていることを説明する。

②「植物油別消費量（2015）」（ボルネオ保全トラスト・ジャパン『パーム油白書2018』）を提示し，気づいたことを発表させる。→わが国では菜種油・パーム油・大豆油の順に消費量が多いことを把握させる。

③わが国におけるパーム油の年間消費量を確認させ，一人あたりのパーム油年間消費量を計算させる。→わが国の年間消費量66.4万tを13,000万人で割ると，一人あたり約5kgのパーム油を年間で消費している。

④「作物別単収量（2010）」（ボルネオ保全トラスト・ジャパン『パーム油ってどんなもの？』，2012年）を提示し，66.4万tのパーム油を生産するために必要なアブラヤシ畑の面積を計算させる。→1haあたり約4tのパー

ム油が収穫可能。66.4万tを4tで割ると，約166,000ha（1,660㎢）の畑が必要。熊本県南部（球磨・人吉・水俣）の面積（約1,699㎢）に匹敵。

⑤世界におけるパーム油の年間生産量6,000万tのためには，1,500万ha（15万㎢）のアブラヤシ畑—九州・中四国・近畿地方の合計面積（128,319㎢）より広い！—が必要であることを説明し，本時の感想を発表させる。

（5）第3時の授業内容

①「日本の植物油供給量の推移」（日本植物油協会「植物油の道」http://www.oil.or.jp/）を手がかりに，「パーム油の輸入量が増え続けている理由は何だろうか」という本時の学習課題を設定し，その答えを予想させる。

②「植物油別輸入価格（2015）」（『パーム油白書2018』）を提示し，本時の学習課題の答えを考えさせる。→パーム油の輸入量が増えている理由の一つは，パーム油の輸入価格が他の植物油より安い点にあることを把握させる。

③第2時までの学習を振り返ったり，各植物油の輸入先を調べさせたりして，パーム油の輸入価格が安い理由を考えさせる。→［1］他の植物油に比べて単位面積あたりの収穫量が多く効率的に生産できる点（第2時の内容），［2］アメリカやカナダという先進国から仕入れる大豆油や菜種油と異なり，マレーシアという発展途上国から仕入れている点，［2］低賃金労働や児童労働が行われているプランテーションがあるため価格が低くなってしまう点（第1時の内容）などを把握させる。

④パーム油製品（『ゾウの森とポテトチップス』）を提示し，本時の学習課題の他の答えを考えさせる。→パーム油の輸入量が増え続けるもう一つの理由は，パーム油が使い勝手のよい植物油である点にあることを把握させる。

⑤パーム油製品が日頃の生活の隅々まで浸透している理由について考えさせる。→1960年代以降の経済発展に伴い，人々の生活水準が向上したり，食生活やライフスタイルが変化したり，産業や家族の構造が変化したりしたから，などに気づかせる。公民科だけでなく家庭科や中学校社会科の既習事項を総動員させ，パーム油製品が身の回りに多い理由を考えさせたい。

（6）第4時の授業内容

① 「認証パーム油，熱帯雨林守る」（『朝日新聞』2017年2月21日付）を配付し黙読させ，思ったこと・感じたこと・考えたことなどを発表させる。

② 新聞記事にある「認証油を使えばその社だけ損する状態」とは，表1の [1] ～ [4] のどの状況のことか考えさせる。→表1の [2] 又は [3]。A社（B社）だけが認証油を使うことによって，パーム油製品の製造により費用がかかり，B社（A社）との価格競争に負ける可能性があることを把握させる。

表1「認証パーム油をめぐる企業戦略」

A社の戦略 B社の戦略	認証油を使用する	認証油を使用しない
認証油を使用する	[1] A社○　B社○	[2] A社◎　B社×
認証油を使用しない	[3] A社×　B社◎	[4] A社△　B社△

（「3日で学ぶ交渉術！　ゲーム理論入門」（http://gametheory.jp/）をもとに筆者作成）

③ [1] と [4] の共通点と相違点を考えさせる。→ [1] と [4] の共通点は同じパーム油を使用するため費用の格差が生じない点，相違点は両社が認証油を使用しない [4] の状況は環境悪化を助長するが，両社が認証油を使用する [1] の状況は環境悪化を防止できる可能性がある点であることを把握させる。

④ NGOグリーンピースが2010年にネスレのパーム油調達経路を批判した動画「Have a Break?」を視聴させ，表1の [2] や [3] の状況を [1] に変更するために大切なことは何か考えさせる。→この動画を契機に30万通を超える消費者のメッセージがネスレに届きネスレのパーム油調達方針が変わったことを伝えるとともに，[2] や [3] の状況を [1] に変えるには消費者の意識や行動が重要であることを確認させる。なお，ネスレの方針転換後，それをグリーンピースが評価したことを補足説明する。

⑤認証油に敏感な消費者を育て，［２］や［３］の状況にある日本企業の戦略を［１］に変更させるために必要なことは何か考えさせる。→「食品表示法を改正し『植物油脂』の表示を詳しくする」「認証油を使う企業の製品を率先して購入する」「パーム油を使用する企業に製品の原材料表示を詳しくしてもらう」「ＳＮＳなどでパーム油問題を社会に発信する」など様々な考えを引き出したい。

（７）評価について

○インターネット（第１時）やグラフなどの諸資料（第２時）を活用することによって，パーム油問題の現状を把握できているか。（知識及び技能）

○第１時や第２時の学習成果などを踏まえて，パーム油問題を生じさせる社会背景をつかむことができているか（第３時）。（思考力，表現力）

○パーム油問題対策の一つである認証油をめぐる社会状況を分析し，その解決策を考えることができているか（第４時）。（思考力，判断力，表現力等）

（藤瀬　泰司）

【引用・参考文献】
開発教育協会『パーム油のはなし　「地球にやさしい」ってなんだろう？』2016年
川上豊幸「環境への配慮　日本の食生活とパーム油認証の課題」『農業と経済』昭和堂，第83巻第9号，2017年，pp.68-74
佐藤潤一「カエルの公式　第12回ネスレを変えたグロテスクなビデオ」（http://www.magazine9.jp/kaeru/121010/）

おわりに

　全てをご一読いただいて，読者の方々はどのようなご感想をもたれたであ
ろうか。今までの「チョーク＆トーク」「プリント穴埋め授業」ではとうて
い対応できない，大変なことになった，と思われた方もおられるかもしれな
い。他方，そもそも，社会科（公民科）は，こうあるべきだ。生徒とともに
社会の問題を考え，よりよい社会づくりを新科目「公共」は果たしていける
のだから，評価できるのではないか。そう感じられた方もおられるかもしれ
ない。本書は，「はじめに」にも書いたように，無理のない「現代社会」か
ら「公共」への移行を考えている。すなわち，これまでの教員文化（「チョ
ーク＆トーク」「プリント穴埋め授業」）を否定することなく，そこで生徒が
学んだ知識を活用して，社会の問題，自分たちの問題，利害関係が直接関わ
る問題を生徒自身が「切実な問題」として捉え，その問題の解決のあり方を
考える，そういった授業提案を行ってきた。いずれにしても，無理のない範
囲で，知識をベースにしつつも，今ある社会の問題をどう考えていくのか，
そういった機会を生徒に与えること，それを継続していくこと，そして，「主
体的・対話的で深い学び」を構築していくこと，このことが「公共」の授業
づくりで重要になる。その点，平成30年版学習指導要領では，「見方・考え
方」が特に重視されているので，留意したい。他方，新学習指導要領で重視
されている「見方・考え方」以外にも重要な理論や概念がある。また，規範
的価値もある。学習指導要領には示されていないが，時代の移り変わりが激
しい社会の中で，より重要になる概念や理論，価値を採用した，より発展し
た授業づくりも大切になる。新科目「公共」は，新しい学習指導要領にとど
まるのではなく，常に新しい知見を取り入れたよりよい「公共」に対する
「議論」が求められる。そのことを心にとめて，新科目を実施していきたい。

2018年8月　　橋本　康弘

【執筆者一覧】（執筆順）

橋本　康弘　　福井大学教授

小貫　　篤　　筑波大学附属駒場中・高等学校教諭

加納　隆徳　　秋田大学講師

藤井　　剛　　明治大学特任教授

田村　徳至　　信州大学講師

大塚　雅之　　大阪府立三国丘高等学校教諭

宮崎三喜男　　東京都立国際高等学校主任教諭

野畑　　毅　　京都府立京都八幡高等学校教諭

福田　秀志　　兵庫県立尼崎小田高等学校主幹教諭

升野　伸子　　筑波大学附属中学校教諭

藤瀬　泰司　　熊本大学准教授

【編著者紹介】

橋本　康弘（はしもと　やすひろ）

平成7年に広島大学大学院教育学研究科博士課程前期修了後，広島市立大手町商業高校教諭，広島大学附属福山中・高等学校教諭などを経て，平成14年に兵庫教育大学学校教育学部助手，平成16年に福井大学教育地域科学部助教授に就任。平成22年には，文部科学省初等中等教育局教育課程課教科調査官を務める。現在は，福井大学学術研究院教育・人文社会系部門教授。

主な編著書に，『中学公民　生徒が夢中になる！アクティブ・ラーニング＆導入ネタ80』（2016年），『教室が白熱する"身近な問題の法学習"15選—法的にはどうなの？子どもの疑問と悩みに答える授業』（2009年），『"法"を教える　身近な題材で基礎基本を授業する』（2006年，以上明治図書出版），『授業 LIVE 18歳からの政治参加』（2017年，清水書院），『授業が変わる！新しい中学社会のポイント』（2017年，日本文教出版）がある。

高校社会「公共」の授業を創る

2018年9月初版第1刷刊	©編著者　橋　本　康　弘
2023年7月初版第5刷刊	発行者　藤　原　光　政
	発行所　明治図書出版株式会社

http://www.meijitosho.co.jp

（企画）及川　誠（校正）広川淳志・西浦実夏

〒114-0023　東京都北区滝野川7-46-1
振替00160-5-151318　電話03(5907)6704
ご注文窓口　電話03(5907)6668

＊検印省略　　　　　組版所　藤　原　印　刷　株　式　会　社

Printed in Japan　　　　　ISBN978-4-18-253823-0
もれなくクーポンがもらえる！読者アンケートはこちらから　→